제주 올레
길에서 만난 ’쉼표

제주 올레
길에서 만난 '쉼표

원진연의 제주 올레, 길에서 만난 쉼표/모두출판협동조합(이사장 이재욱) **펴냄**/
2019년 2월 28일 초판 1쇄 **발행**/
디자인 김명선/ **ISBN** 979-11-89203-06-1(03810)
ⓒ원진연, 2019
modoobooks(모두북스) 등록일 2017년 3월 28일/ **등록번호** 제 2013-3호/
주소 서울 도봉구 덕릉로 54가길 25(창동 557-85, 우 01473)/
전화 02)2237-3316/ **팩스** 02)2237-3389/ **이메일** ssbooks@chol.com

*책값은 뒤표지에 씌어 있습니다.

제주 올레 길에서 만난 '쉼표

걷는 사람
치악산 쎄오 원진연

modoobooks
협동조합출판사

<프롤로그>

제주 올레를 걷다

제주에서 한 달 살기가 유행이다.
나도 동참하여 조금 더 긴 '세 달 생각하기'로 마음먹었다.
'먹고살기'로 하지 않고, '생각하기'로 마음먹은 것은 제주에서의 생활이 특별하지는 않지만 그렇다고 평범하지도 않기에, 그리고 '생각하기'라고 하면 뭔가 있어 보이고, 뭔가 놀면서도 노는 것 같지 않을 성싶었기 때문이다.
먹고사는 것도 중요하지만 생각하는 것이 더 중요할 수도 있기 때문에, 한 마디로 고상한 척해 보겠다는 뜻이다.
그렇게라도 해야 상실감을 치유할 수 있을 것 같았다.
상실의 아픔을 견디는 방법을 찾는 일이 그냥 노는 것으로는 해결되지 않을 성싶기도 했다.
한 직장에서만 25년 살아왔는데, 이제 출근할 곳이 없다는 것! 그것을 받아들이기 위해서는 시간이 필요했고, 공간 이동도 필요했다. 그 시간과 공간이 섬이었으면 좋겠다는 생각을 했다. 섬에서 멍 때리며 생각한다는 것은 이유가 있어 보였다. 결국 내 삶은 내 생각의 결론이 아니겠는가 하는 생각을 하면서…….

출발 D-2.

탁송기사님의 전화가 걸려왔다.

내일 오후 3시쯤이면 내 8808 차량은 내 곁을 떠나 제주로 향할 것이다. 그냥 무덤덤하게 받았는데, 지금 걸으며 생각하니 약간은 설레는 기분이다. 떠나서 그런지, 제주가 주는 느낌인지, 귀양살이에 대한 기대인지는 모를 일이다. 아마도 지금까지의 삶과는 다른 형식이기에 거기서 오는 기분일 것이다.

집구석에 있는 내게 사랑하는 아내로부터 전화가 걸려왔다.

점심은 먹었는지, 상추는 뜯어 먹었는지, 내가 무슨 궁상을 떨고 있는지 궁금하기도 하고 배려하는 마음이기도 하리라. 일상의 대화는 자연스러워야 하는데, 언제나 아내는 나를 염려한다. 지금 고백하건대, 아내의 결재가 아니었으면 제주로 갈 생각은 애당초 하지 못했을 것이다. 고맙소, 여보!

절친 치악산소년의 톡이 왔다.

직장생활을 기는 중이란다. 열심히 한다는 뜻인지 지겹다는 뜻인지는 모를 일이다. 그래서… 기다가 부족하다 싶으면 똥도 핥으라고 했다. 그리고 양주로 입가심하면 되는 거다. 그게 우리나라 40~50대의 처신이 아닌가 싶다.

그게 아니라면 막걸리로 입가심해야 한다. 당신은 무엇을 선택할 것인가? 이렇게 위안을 하고 나니 내 마음은 불편했지만, 그게 현실이니 조언을 잘한 거야 하고 떠나왔다.

D-0.

그렇게 준비를 마치고, 가까운 지인들과 연락을 한 다음, 제주 신서귀포에 월세로 계약한 방에서 골방 서생의 길을 시작했다. 그래서 나름의 골방 수칙도 만들고, 골방에 대한 정의도 해보며, 내 친 김에 시조도 한 수 읊는 궁상을 떨면서 제주 생활을 시작하게 되었다.

말 나온 김에 골방에 대한 내 나름의 정의를 이야기하자면, '둘이 누우면 딱, 셋이 누우면 낌'이라는 것이다.

두세 평 누울 자리만 있으면 족하다
등 따습고 배부르면 족하다
범문섶 서귀포 섬아 이제야 만났구나

새소리 내 귀를 간지럽히고
맑은 햇살 눈 부셔 잠을 깨우니
가히야 이곳 제주가 별천지 천상이더냐?

제주 첫날 이른 아침, 어머니 전화 목소리는 떨렸다.
늘 기도한다 하시며 내 아들 믿는다 하고 끊으셨다.
나는 '놀러왔는데 머' 하며 아무렇지 않은 듯 대답했다.
언제나 건조한 내 말투, 한결같이 재미없는 이 말투
이런 말투 이런 자세 이런 태도, 나는 지금에서야 목이 멘다.

상실.

이 단어는 중3 시절 아버지가 세상을 달리하면서 겪은 이래, 처음 찾아온 감정이었다. 마치 태풍이 지나간 자리는 쑥대밭이 되어 버리듯, 그 시절 우리 가족은 농사를 포기하고 각자 자기 삶을 책임져야 하는 시련의 시기, 그야말로 쑥대밭이 되었다.

그 이후 나는 3년마다 찾아오는 고비의 시간마다 최고보다는 최선을 선택했고, 성인이 되어서는 도전정신과 창의력을 외치며 사회생활을 해 나갔다. 그러기에 적어도 상실이란 단어는 찾아오지 않을 것이라고 믿었다.

누구보다 치열한 영업 현장에서 최선을 다해 왔다. 설령 그것이 찾아오더라도 40대에 책을 읽고 달리기를 하면서 50대를 나름 준비했기에 미미하게 스쳐 지나갈 것으로 생각했다.

그러나 막상 오늘부터 출근할 곳이 없다는 것은 슬픔을 넘어서는 그 무엇이었다. 출근뿐이랴? 전국을 누비며 도전정신과 창의력을 외치는 일도 할 수 없었다. 친구를 만나도 내 꿈을 이야기할 수 없었다. 그것은 모든 것의 '단절', 그리고 '상실'이었다.

*상실 *상실이다 *없어졌다 *끊어졌다

몸도 마음도 인연도 관계도 끊어지고, 없어지는 것 같았다.

차라리 심각한 결단이 필요한 시기인지도 모른다. 중요한 것은 원인도 모른 채 상실의 고통만이 거들먹거렸다는 사실이다. 술을 먹고 친구와 이야기를 나누고, '괜찮아!'를 반복할수록, 겉은 아무렇지 않은 듯 행동해야 했고, 그만큼 속은 썩어 문드러지는 것 같았다. 나에겐 새로운 공간과 새로운 시간 이동이 필요했다.

이 글은 한여름의 시작인 6월부터 *와랑와랑한 폭염이 지속되는 8월 중순까지, 올레길 중심으로 걸으면서 매일매일 일기 쓰듯, <제주_올레 00코스 답사기>란 제목으로 글을 쓴 것을 정리한 것이다.

올레길 26개 코스를 완주하고, 한라산을 등반하고, 중산간지역의 오름을 오르고, 사람들을 만나고, 틈틈이 서귀포의 문화체험을 하면서, 그때그때 느낌의 흐름을 따라 적은 것이다.

애초에 올레를 걷고 글을 쓸 계획은 아예 없었다. 나는 그저 내 감정이 중요했고 이를 기록하고 싶었을 뿐이다. 기록만으로도 어느 정도 정리가 될 것으로 믿었다. 그리고 질문을 하기 시작했다. 나에 대한 질문, 돈에 대한 질문, 행복에 대한 질문, 잘 사는 것에 대한 질문을 이어갔다. 질문의 힘을 믿었다.

소가 뒷걸음질하다 로또를 맞는다고 했던가?

이 글쓰기가 그렇다.

처음 짐을 내리고 밥을 해 먹고 잠을 자고 그리고 할 일이 없어서 집 앞쪽으로 바닷가 방향으로 직진한 곳에 범섬이 보였다. 한참을 바라보다가 올레길인 줄도 모르고 이쪽저쪽 걷기 시작했다. 해변을 걷기도 하고, 도로가를 걷기도 하고, 동네를 몇 바퀴씩 걷기도 했다. 밤에도 걷고 새벽에도 걸었다.

그러다가 대학교 시절 기숙사에서 한 방을 썼던 친구를 30년 만에 제주에서 만났다. 그의 조언은 말을 타는 것, 수상 스포츠를 하는 것, 제주 올레를 걷는 것 3가지를 권했는데, 그때까지만 해도 나는 아무 느낌이 없었다.

그러나 제주 생활은 생각보다 심심했고, 내가 할 수 있는 것은 별로 없었다. 하고 싶은 것이 없었기 때문인지 모르겠다. 귀양 온 내가 어찌 희희낙락 즐기기만 하겠는가 하는 자조와 상실의 아픔이 가시지 않았다. 문득 친구가 이야기한 올레가 생각났다. 그래서 인터넷을 조회하고, 호기심 반 도피 반의 생각으로 올레를 걷기 시작했다.

올레를 걷기 시작하면서 자원봉사를 하는 분과 함께 걷기도 하고 혼자 걷기도 하고 시간 나는 대로 계획 없이 그때그때의 일정대로 걸었다. 그리고 그때의 감정을 소중히 하고 싶어 글로 남기기로 했다.

올레 7코스는 가장 먼저 걷기 시작했는데, 당시 내가 본 외돌괴의 느낌은 그냥 외로운 돌이었다. 그리고 그 앞에서 더 외로운 나를 보았다. 다음날, 멋찐 전망을 보고 싶어 간 곳이 군산이었고, 여기서는 어릴 적 나와 늘 같이 하던 소를 떠올리며 그리워했고, 서귀포 자연휴양림에서는 차디찬 바람 안의 숲은 의외로 안전해서 평화롭다는 느낌까지 받기 시작했다.

이런 식으로 나의 감정은 그때그때 상황에 따라 변해 왔으며, 16코스부터는 제2부가 시작되는데 그때부터 사람을 본격적으로 만나게 되었다. 물론 올레에서 만난 사람들이다.

사람들을 만나면서 이 세상에는 숨은 고수들이 넘쳐난다는 것을 배웠고, 그동안 한 직장에서만 잘난 척하며 살아온 내가 한없이 부끄럽기도 했다.

자연을 만나면서는 위대함이나 혼 같은, 뭐라 표현할 수 없는 기쁨을 맛보며, 자연이 사람보다 한 수 위라는 생각을 하게 되고, 그런 자연을 볼 수 있도록 눈을 뜨게 한 혼을 생각하지 않을 수 없었다.

바람의 작가 김영갑, 길을 낸 여자 서명숙, 서귀포에 세 들어 살던 이중섭, 그리고 제주의 해녀들, 그들의 정신을 통해 제주의 혼을 생각하지 않을 수 없었다. 그리고 바람의 신을 모셔야겠다는 다짐까지 이어졌다.

자! 그럼 올레길 따라, 치악산쎄오의 감성 선을 따라가 보자.

가던 길을 멈추고

나는 고개를 돌려 뒤돌아보기 시작했다

나는 고개를 돌려 스스로에게 묻기 시작했다

나는 고개를 돌려 스스로에게 묻는다

---썩은 섬 앞에서

<차례>

프롤로그···4

제1장 상실
위로의 길, 올레를 걷기 시작하다
외돌괴보다 더 외로운, 나···14
그리움의 파노라마, 소···20
안전에서 공존까지···25
호젓한 뒷동산···30
사람도 모레도 열정적으로···34
산과 바다 하늘을 닮아가는, 나···39
형제의 길1···44
진짜 설레는 형제의 길2···49
사람답게 살기 위한 가족···52
의자마을의 결론···58
아~ 비양도여···64
묵묵한 발걸음, 서걱서걱···68

제2장 만남
만남의 길, 올레를 내 품에 담다
사람을 만나 인연으로···74
길도 사람도 연결이다···80
만남에서 독서로···87
낯선 사람의 효과, 걷기의 힘···93
말은 도道에 가깝다···99
격하게 외로워서다···105
섶섬 보이는 작은 언덕에 살고 싶어라···113
걷는 사람들···119
기다림···126
선물···131

제3장 감탄
감탄의 길, 자연과 사람에 취하다
위대함···138
편안함 ···141
노는 방법1···144
노는 방법2···149
월든···151
추억···154
지성···157
노는 방법3···161
용눈이 오름의 철학···164
정상에 다시 서다···167
자연과 문명 사이···174
서귀포의 사람들···182
마라도 줄···188
비양봉의 자부심···191
가파도 이슬비 ···194

제4장 바람
바람의 길, 바람의 명령 앞에 서다
무덤에서 자유를 ···198
몸, 바른 자세···203
뭉클함···209
이야기 ···216
빛, 바람, 혼 ···221
바람···227
아리랑···233
제주 올레를 완주하고···238

에필로그···245

제1장 상실
위로의 길, 올레를 걷기 시작하다

외돌괴보다 더 외로운, 나

서귀포~월평의 올레 7코스를 걸었다.

섬은 외롭다.
외로워 보인다.
범섬도 문섬도 섶섬도. 특히 혼자 외로이 서 있는 저 외돌괴는 더하다. 머리에 모자를 그럴싸하게 쓰고 있지만 그는 혼자 서 있는 돌이다. 손만 뻗으면 같이 어깨동무 할 수 있는 거리임에도 외돌괴 그녀는 혼자 외로움을 달래며, 그리움을 먹고 서 있다.

군중 속에 밀짚모자 쓰고 있는 나와 같다. 그래도 외돌괴 할멍은 그리워할 대상이라도 있는데, 나는 그리워할 그 어떤 대상조차도 없이 그냥 외롭다.

나는 한참을 외돌괴와 범섬에 시선을 고정하고, 외로움을 청하다가, 문득 반대편 하늘을 바라보며 얼굴을 찡그려 본다. 빛나는 햇살에 눈이 부시다. 그리고 코스를 걷기 시작했다. 한 30분쯤 걸었을까? 나는 외돌괴에 대하여 결론을 내렸다.

"파도소리와 새소리의 끊임없는 속삭임에
 귀 기울이지 않을 수 없는 이 곳"=[외돌괴]

　범섬을 끼고 돌고 도는 올레 7코스, 와~ 이렇게 와 보니, 사람들이 이래서 "외돌괴!" "외돌괴!" 하는구나 싶다. 이 대단한 풍광 앞에서 나는 외로움이란 사치를 누린 미안한 느낌마저 든다.

　발걸음을 옮길 때마다 자꾸 멈추게 된다. 그리고 이 기가 막힌 풍광을 보며 한 줄 낙서하지 않을 수 없다. 이곳이 어디냐고? --소골계곡 지난 해변에서.

　길.
　길에 대하여 나는 생각한다.
　길이 도道와 연결되어 있으면서도, 길에 대한 생각을 이제야 하게 되다니…….

　자갈길.
　자갈길을 걸으며, 길을 생각한다.

　수풀 길, 바다길, 자전거길, 골목길, 포장길, 흙길, 모퉁이길, 돌담길, 잔디밭길, 아스팔트길, 꼬부랑길, 언덕길, 비탈길, 벼랑길, 야자수길, 내리막길, 오르막길, 가파른 길, 평탄한 길, 좁은 길, 넓은 길, 완만한 길, 땡볕 길, 해안선 길, 징검다리 길, 밭두렁 길, 숲속 길, 대나무 숲 길, 멍석 길, 계단 길, 순례 길, 데크 길, 노을 길, 석양 길, 달빛 길!
　무슨 길인지 아시겠는가? 오늘 내가 걸은 길이다.
　이렇게 많고 소중한 길을 어느 누가 '올레'란 한 단어로 표현했단 말인가? 오늘 몇 킬로 걸었을까? 몇 보 걸었을까? 생각하니 부끄러움이 다가온다. 그게 무에 중요하다고, 나는 오늘 위의 모든 길을 걸었다는 점에 무한 감사함을 배운다.

범섬을 좌표삼아 파도소리 귀에 담고 이렇게 많은 길을 갖고 있는 올레 7코스! 아마도 진흙탕 길이나 빗길 빼고는 오늘 모두 걸었다고 보면 된다. 하여튼 모두 모두 소중한 길인데, 나는 그동안 신작로만 고집했다고 생각하니 이번엔 부끄러움이 파도 되어 밀려온다. 맑은 햇살에 또 한 번 멍 때리지 않을 수 없다.
   그러나 마음속은 기쁨으로 가득차 오르기 시작한다.
   모세의 기적이 일어난다는, 고래 썩은 냄새가 진동한다는 서건도(**썩은 섬**) 지나 강정 공사장을 뒤로하니 바닷바람이 나를 맞는다. 그리곤 콧노래가 저절로 탑재된다.
   파도가 부서지는 바위섬~ 인적 없는 그곳에 세상 사람들 하나둘 모여 들더니, 어느덧~~

> 비바람이 치던 바다 잔잔해져 오면
>
> 오늘 그대 오시려나, 저 바다 건너서
>
> 저 바다에 반짝이는 별빛도 아름답지만
>
> 사랑스런 그대 눈은 더욱 아름다워라
>
> 그대만을~ 그대만을~

내가 이곳에서 이렇게 걷고 있다는 것이 기쁨이요 환희다.
걷는다는 것은 무엇인가?

제1장 상실
위로의 길, 올레를 걷기 시작하다

걷는다는 것은 과정인가, 목적인가?

세상을 살면서 과정 중심으로 살아야 하는데, 아마도 걷기는 '과정이 곧 목적'인 행위임에 틀림없다. 책읽기, 걷기, 달리기, 여행……뭐 이런 것들은 대체적으로 과정이 곧 목적이다.

그렇다. 과정 중심으로 살아야겠다.

과정 중심으로 살아야 한다.

일도 과정 중심이어야 한다.

삶도 과정 중심이어야 한다.

세상에 결과가 어디 있는가? 우리가 이룬 그 결과도 곧 과정의 일부분인 것을. 하물며 과정이 곧 목적인 것이 있다면, 그것은 무조건, 무조건 아니겠는가?

그래 걸어보자.

그래 걸어보자.

제주에서 내가 할 수 있는 일은 먹고 자고 싸는 것뿐이다. 관광을 한다는 것은 사치다. 논다는 것은 더욱 사치다.

귀양살이 하는 자가 어찌 희희낙락만 할 수 있겠는가? 그렇다고 어찌 먹고 자고 싸기만 할 수 있겠는가? 제주에서의 특별한 삶의 형태를 통해 나는 3가지를 추가하기로 했다.

그것은 바로 먹고 자고 싸고 더하기 걷고 읽고 쓰고.

7코스 어느 즈음, 해녀 할망이 끓여주는 해물라면 먹고 거주지로 돌아와, 이것저것 뒤져보니 제주도는 바람 돌 여자가 많아 三多島라 하고, 도둑 거지 대문이 없어 三無島라 하고, 자연 민속 언어 이렇게 三寶

▲해녀 할망이 해물라면 끓여주는 집

를 갖춘 섬이라고 한다.

제주의 3가지를 복제하여 나도 3가지 생활수칙을 만들었다.

나는 제주에서, 3가지는 가급적 피하고, 3가지는 적극 권하기로 정했다. 피하는 3가지는 TV 시청, 혼술, 화장실서 핸드폰 보기다. '제주 생각하기'라는 이름으로 권하는 3가지는 걷기, 읽기, 쓰기다. 물론 세상에 도움이 되는 사람으로 거듭나기 위한 사색도 겸하기로 했다.

그리움의 파노라마, 소

군산.
군산軍山이다.
말이 필요 없다. 직접 보시라고 사진을 먼저 싣는다.
군산 봉우리에서 보이는 360도 파노라마 모습이다.

군산은 제주에서 가장 큰 오름이다. 오름의 모양새가 군막을 친 것 같다고 하여 붙여진 이름 같은데 이름은 촌스럽기 그지없다. 차라리 호랑이 같이 생긴 범섬의 기운에 대항하기 위한 사자바위를 따서 사자산이라 이름 지었으면 어떨까 싶다. 아니면 차라리 숫산이라 칭한다면 한 번에 알아차릴 수 있을 것도 같다. 이 군산은 제주도의 유일한 숫오름(남자 형) 산이기도 하니 말이다.

내비게이션과 자동차의 도움으로 군산오름 입구까지 아주 쉽게 이동했다. 그리고 몇 개의 계단, 그게 끝이다.

'애걔~뭐 이게 정상인가?' 싶은데, 이게 정상이다. 그리고 세상의 모든 것이 파노라마처럼 펼쳐진다. 330m의 이 작은 산을 통해 세상 모든 뷰(view)가 내 앞에 선보이기 시작했다.

그리움.

그리움이다.

그리움의 파노라마다.

바다~형제 섬~산방산~마을 전경~한라산~도시~마을~월드컵경기장~범섬-바다로 이어지는 360도 파노라마를 보고 있노라면, 어린 시절 솔방울 놀이를 하고 도라지 꽃봉을 터뜨릴 때부터, 도회지로 나가 대학 한 번 가보겠다고 밤늦게까지 야간 자율학습 하던 시절, M16 소총 들고 각개전투를 하던 군 생활, 매출 달성 위해 최근까지도 소주 막걸리 맥주 가리지 않고 폭탄주를 돌리며 목에 털어 넣던 시간까지 파노라마와 같은 그리움이 펼쳐진다.

"한라산을 바라보며 저 정도 경사면 자전거로도 올라갈 수 있겠다."는, 옆에 서 있는 한 등산객의 허풍은 아마도 군산 봉우리만이 가질 수 있는 자부심인지도 모를 일이다.

그렇다. 누구에게는 그리움의 파노라마로, 누구에게는 허풍을 자아내기에 충분할 수도 있겠다. 그러나 일치하는 것이 있다면 아마도 허무함일 것이다. 이쪽으로 오르나, 저쪽으로 오르나 약 5분~10분이면 정상 일대에 다다를 수 있는 곳. 그리고 그 정상에서 산과 바다와 마을 전체를 보라볼 수 있는 곳, 가성비로는 대한민국 최고임에 틀림없다.

낮은 산으로는 내가 가본 산 중에 속초의 청태산이 있는데, 그 산은 동해바다 쪽 뷰(view)가 절정이라고 한다면, 이곳 군산은 360도 뷰(view) 전체가 최고라 할 수 있겠다. 5분의 허망함과 360도의 파노라마……이것이 어떻게 가능할까?

사실인지, 거짓인지 궁금하시다면 직접 가볼 것을 권한다.

사실은 산책로를 돌고 돌아 정상으로 올라가야 제법이라고 하는데, 나는 바로 올랐기 때문에 가성비를 이야기했다. 내려오는 길에 *구시물에서 소원 빌며 물 한 모금하고, 본격 산책로를 걸었다. 이 길을 안 걷고 그냥 내려갔다면 엄청 후회했을 것이다. 오늘도 등산객들을 보니, 나 빼고는 이 길을 걷는 사람들이 없었다.

바쁨이 일상인 세상이다 보니, 정상 보고 바로 내려가는 것이다. 어쩌면 이 산 허리를 감싸는 둘레길이야말로 새들과 수풀들의 천국이라고나 할까? 옛날 호주 여행 갔을 때 유칼립투스 나무 울창했던 그곳 같았다. 산책로 곳곳에 수풀이 침범해 있었고, 이럴 땐 *진지동굴로 잠시 피신하는 것도 좋으리라

그리고 저기 소다.

소가 풀을 뜯으며 노닌다.

그냥 소가 아니다. 코를 뚫지 않은 소들이다. 나는 어린 시절 송아지가 어느 정도 성장하면 코를 뚫는 것을 직접 목격하고 자랐다. 내 입장에선 큰 소가 코를 안 뚫은 것은 보기 힘든 모습이다. 우리 집에서 소는 농사를 함께 짓는 친구였고, 학비를 대는 원천이었다. 송아지가 태어났을 때는 얼마나 반갑던지? 지금 생각하니 그 송아지가 내 학비를 댈 것이기에 더 친근했는지도 모를 일이다.

나는 방과 후 동네 개울가로 나가 소꼴을 베고, 겨울엔 여물을 끓이기도 했다. 소꼴을 줄 때마다 그 소는 코에 침을 줄줄 흘리면서 쓱쓱 하면서 순식간에 꼴을 집어 삼킨다. 여물을 끓이다가 앞 머리카락이 태운

적도 있다. 소똥을 밟으면 공부를 잘한다고 어른들이 말하기에 나는 소똥을 밟아도 기분 나빠하지 않았다. 한여름이면 소 등을 긁어주고 때론 묻은 똥도 털어주며 수도에 호수를 연결하여 등에 물을 뿌려주는 것도 내 일이었다. 돼지 똥 치우는 건 그렇게 싫어하면서도 유독 소 외양간 치우는 것은 싫지 않았던 것 같다.

말없이 우직하게 눈만 껌벅껌벅하던 소! 그 소는 아버지가 세상을 달리하면서부터 우리 곁을 떠났다. 지금의 소는 한우, 맛있다 비싸다를 떠올리는 세상이 되었다. 세상이 많이 변한 것을 넘어, 완전히 바뀌었다. 완전히 다른 세상이다.

아~참을 수 없는 그리움의 파노라마가 펼쳐진다.

그래서일까? 며칠 전 외갓집을 갔었는데, 아직도 소를 기르고 있었다. 그리움 가득한 외갓집! 참 나는 어린 시절 소 등에도 잠시 올라탔고, 그 큰 소는 무리 없이 나에게 등을 내주기도 했다. 이렇게 한참 소를 구경하고 있는데 갑자기 꿩 2마리가 펄쩍 날아간다. 아마도 암수 두 마리가 사랑하다가 내 인기척 때문에 놀랐으리라.

어쨌든 이곳은 새, 나무, 풀들의 천국, 자연의 보고임에 틀림없다.

이 사색의 길은 앞으로 쭉쭉 나아갈 수가 없다. 자동차와 사람에 밀려서 짜증난 세상에 살던 나는 수풀과 부처손과 소와 꿩과 까마귀와 기타 등등 이름 모를 숱한 것들이 나를 가로막으니, 그냥 지나칠 수가 없다. 걸음을 멈추게 한다.

이 길은 가다 서다를 반복해야 하는 길이다. 누구는 보기 위해서, 누구는 쓰기 위해서, 누구는 찍기 위해서, 누구는 사색하기 위해서, 누구

는 그리움을 달래기 위해서……모두들 다른 이유가 있을 수 있지만, 가다 서다를 반복할 수밖에 없는 길, 군산 산책로다.

군산.

이 풍경으로 만나는 백록담 봉우리는 저 정도면 자전거로 오를 수 있겠다는 허풍을 주고, 이 풍경에서 들리는 새 소리는 유달리 그 목소리 청명하며, 이 풍경으로 보이는 해안마을은 유독 그 하나하나가 또렷하다. 귓가에 들려오는 새들의 합주……그 중 특히 명쾌한 꾀꼬리 소리는 잊을 수 없을 것이다.

(*구시물에서 물마시고 *진지동굴 한 번 들어가 보고……군뫼 정상에는 쌍선망월형이라는 명당이 있다던데. 거긴 못 들렀다.)

안전에서 공존까지

서귀포 자연휴양림을 가다 보니 한라산에 한 걸음 더 다가가는 기분이다. 오늘은 바람. 바람이 분다. 바람이 쎄다.

주차장에 주차를 하고, 매표를 하고, 어제 하루 죙일 비가 내린 이후라서인지 아니면 원래 이 정도 바람은 기본인지 모르겠으나, 바람이 내린다. 제법 차다. 그런데 몇 걸음 옮기지 않아, 잦아든다. 소리는 요란한데, 내 몸에 바람이 다가오지 않는다. 바람 소리는 세찬데, 내 몸은 안락하니, 천하의 요새를 걷는 기분이다.

안전함이다. 바람은 5m 위 상공, 그러니까 나뭇가지 위에서만 요란하고, 내가 걷는 숲길 산책로는 오히려 포근하다.
아늑하다. 안전하다
안전함이 얼마나 다행인지? 산을 오르다 보면 가끔 길을 잃을 때가 있다. 시간이 지날수록 불안감이 커지고, 허둥지둥하기도 한다.
지난달 원주 치악휴양림 임도 따라 길을 걷다가 샛길이 있기에, 뭔가 특별함이 있을까 해서 발길을 옮긴 적이 있었다.
'어디선가 만나겠지, 길은 다 통하는 법이니까. 이 언덕만 지나면, 순탄한 길이 나올 거야. 저 쪽 봉오리 가는 길일 것이야.'
그러나 그 기대는 여지없이 부서지고, 계속 골자기와 인적의 흔적

조차 없는 곳으로만 향했다. 게다가 핸드폰까지 먹통 지역으로 들어가니, 대략 난감이었다.

순간 찾아오는 바람 소리. 그 소리는 스산함을 너머, 무서움으로 다가왔다. 무서웠다. 결국 새로운 길을 개척해 보겠다는 꿈도 의지도 자만심도 모두 내려놓고, 회군을 해야 했다.

어린 시절 나무 땔감을 하다가 비바람이 갑자기 닥치거나, 날이 갑자기 어두워지기 시작하면 덜컥 겁부터 났다. 특히 혼자였을 땐, 그 심정이 두 배 열 배는 된다.

그런데 이곳은 그와 정반대다. 안전하다. 그리고 아늑하다.

아~ 편백나무 숲 향을 마시니, 시원함과 마음의 포근함이 같이 다가온다. 조금 과장하면 새벽 잠자리에서 일어나지 않고 뒹굴 때의 그런 달콤함이다.

서귀포 자연휴양림에 들어서면, 길은 크게 숲길 산책로와 차량 순환로가 있는데, 사실상 같은 길이다. 나는 숲길 산책로를 걸었는데, 그 길은 콘크리트가 아니고 야자수 매트와 흙으로 되어 걷는 즐거움이 있기 때문이다. 가끔은 나무뿌리, 가지, 솔잎, 떨어진 낙엽이 뒤엉겨 있어 지루하지도 않다.

두 길이 나란히 걷다가 만났다가 헤어지는 것을 보면서 드는 생각은 '공존(共存)'이다. 사람과 차량의 공존, 자연과 문명의 공존······공존의 길 같다.

지난달 남산 둘레길을 걸으면서 차량 길을 일부 사람 길로 터서, 둘레길을 만든 것을 보고, 참 잘했다는 생각을 했는데, 아마도 제주 길을

보고 서울이 베꼈구나 하는 생각이 얼핏 스쳐 지나갔다.

공존이란 얼마나 소중한가?

그것이 안 되면 결국은 치고 박고 매일매일 싸우는 것뿐일지니~.

몇 십 년 전 미국에서 낙태에 관해 찬반 논란이 심했던 적이 있었다. 반대론자는 아이의 인권을, 찬성론자들은 어머니의 인권을 대변해서 극한으로 싸웠다. 그러나 사실은 둘 다 인권에 대한 공통 공존의 길이 있다는 점을 찾아 극한 대립을 면했다고 한다.

우리 사회도 그렇다. 보수와 진보라는 이름으로. 그러나 보수와 진보의 이념을 포괄하는 언어는 너무나 많다. 삶의 질, 건강, 상식……여기는 어떤 형태로든 공존하고 공영하는 우주여야 하겠다.

계속 숲속 오솔길로 가면서 안전 아늑 포근함 등산 공존……생각을 하다 보니, 전망대 표시가 보인다. 제주조릿대가 무성하고 때죽나무, 산딸나무 사이로 걷기 편한 데크 길을 설치해 놓았다.

법정악전망대!

휴양림이라 전망대에 큰 기대는 하지 않았는데, 그렇지 않다.

섶섬 문섬 범섬 고근산 산방산 군산이 다 보인다. 서귀포에 있는 내 숙소 근처의 월드컵경기장까지도 다 드러난다. 머리를 돌려보니 백록담 봉우리가 반쯤 가린 구름에 걸히면서 그 자태가 그대로 드러난다. 제주는 참 다, 어디나 다 좋다.

서귀포는 어디를 가도 한라산과 범섬은 보이는 것 같다. 그리고 일주일 동안 느낀 점은 새들의 울음소리다. 이 소리는 제주 어디를 가나 쉽게 들을 수 있는, 그러니까 멋찐 드라마나 영화의 OST에 나오는 백그라운드 같은 것이라고 해야 하겠다. 지금 이 글을 쓰는 이곳에서도 창밖에 새 소리는 끊임이 없다.

숲길 주변엔 크고 작은 나무들이 이름표를 달고 있다.

작살 참꽃 청미래덩굴 때죽 주목 서어 팥배 꽝광 대팻집 솔비 굴거리 산벚 참식 산딸 당단품 비자 삼 예덕 층층 비목······휴~~여기까지가 내가 보고 적은 것인데, 문외한인 나에게는 구분이 쉽지 않다. 다만 널브러진 제주조릿대와 편백나무는 한 눈에도 멋진 풍경이었다. (조릿대의 폐해는 나중에 알게 되었지만.)

내려오는 길에 *산딸나뭇잎 한 잎 따서 책갈피에 꽂았다. ㅎㅎ
(*산딸나무 : 꽃잎이 넉 장으로 십자가 모양이라 예수님이 좋아하신다기에.)

호젓한 뒷동산

월드컵경기장~서귀포의 올레 7-1코스를 걸었다.

뒷동산.
신서귀포시 뒷동산인 고근산.
서귀포 바닷가에서 보이는 앞산이 고근산이요, 뒷산이 한라산이다. 대신중학교 근처에 마련한 숙소에서, 바로 숲으로 연결되는 까닭에 시작이 아주 친숙하다.
월드컵경기장에서 신도시 구경하며 오르다 보면, 대신중학교가 나오고 곧바로 밭담에서 좌회전한다.
그리고 곧바로 찾아낸 단어는 호젓함이다.

호젓하다.
호젓하다.
매우 홀가분하면서 고요하다.
쓸쓸하지 않고 외롭지 않고, 후미져서 무서움을 느끼지 않는, 그런 호젓함이다.
등산을 바로 하지 않고 엉또 폭포 방향으로 가다 보니, '1박2일' 팀이 왔다간 흔적들이 보이고, 나무 데크를 따라 가니 예쁜 낭또 산장이 위치해 있다.

그리고 그 깊숙한 곳, 해안이 아닌 난대림 깊숙한 곳에 위치해 있는 엉또 폭포!

그러나 비가 와야 폭포를 볼 수 있는 건천이구나. 3대에 덕을 못 쌓은 덕에 폭포 바위의 위엄만 보고 있노라니, 한 귀퉁이에 폭포가 안 내리는 이유가 씌어 있다.

'오신 손님 미모가 하늘을 찔러 비는 왔는데 그 비가 쪼금 모자라 폭포 없습니다.'

그리곤 바로 옆으로 방향을 틀어, 엉또 산장 서비스인 껌 하나 씹으면서, 기도 한 번 한 후, 키스 동굴로 들어가 사진 한 장 찍고, 폭포 아래로 내려가 한 바퀴 돈 다음, 다시 산장으로 가서 이휘재가 나온 슈퍼맨 테라스에 올라 마도 한 번 보고, 메모지에 글도 써서 벽에 붙이고, 황칠나무 차 한 잔 1000원에 마시고, 멋찐 하늘 구름 바라보고, 엉또 주변 절경을 뒤로한다.

아! 엉또여? 여기 어딘가 보물들이 묻혀 있다던데…….

다시 돌아 고근산 정상 방향으로 발길을 돌리니, 오솔오솔하다고나 할까, 한라산이 나타났다 사라지기를 반복한다.

범섬, 문섬, 섶섬도 들어왔다 나갔다 반복한다.

오솔오솔 오름길 여기서 부는 바람은 도대체 바닷바람인가 솔바람인가 휘재바람인가……ㅎ 모르겠다. 잠시 시멘트 도로가 나오는가 싶더니 다시 오름 오솔오솔 호젓한 길이다.

▲저 정자 너머 폭포, 키스의 동굴, 앙또 산장 서비스가 있다.

쓸쓸하지 않다.
외롭지 않다.
무섭지 않다.
그런데 호젓하다.

오늘 이 길을 잘 왔네, 생각들 때쯤, 그런 생각이 끝나게 되는 순간 나무 계단이 시작된다. 그리고 곧 정상이다.

고근산(396M)은 봉우리의 원형 분화구를 갖고 있는 오름(기생화산)이다. 정상에서 멀리 마라도가 보이고 서귀포의 풍광을 한 눈에 볼 수 있으며, 반대쪽으로 돌아보면 한라산 윗오름이 성큼 다가와 보인다.

분화구를 한 바퀴 돌며, 소나무 숲에 걸터앉아 라디오 주파수 맞춰놓고, 싸가지고 온 한라봉 한 입 꿀꺽 하니 그야말로 꿀맛이다.

그런데 보물들은 어디 묻혀 있는가?
원나라 기황후 역사공부를 더 해야 할 듯하다.

나중에 바다 쪽에서 바라본 것이긴 하지만, 월드컵 지붕과 고근산, 한라산이 일직선으로 보이는 곡선의 경치가 이만저만이 아님을 알게 된다. 엉또와 고근산의 절경 때문인지 내려오는 길은 다소 단조롭게 이어진다. 다소 특이한 논둑길을 따라 걷다가 시내로 들어와 제주올레 여행자센터에서 마무리한다.

이 길은 제주 남쪽바다와 서귀포 전역을 조망할 수 있고 중산간의 비경을 볼 수 있다.

사람도 모레도 열정적으로

월평~대평의 올레 8코스를 걷는다.

올레 8코스는 올레꾼 15명과 함께 걸었다.

꾼이다 꾼들이다 처음으로 아카자봉과 함께 한 사람은 나뿐이다. 제주에서 아카자봉은 어디 있느냐고 묻는다면, 실수하는 것이다. 아카자봉은 아카데미 자원 봉사의 준말이라고 한다.

제주 올레 코스를 Full로 걸으면 메달을 주는 것 같은데, 그 메달에 8번째 도전하시는 분을 비롯하여(그분은 도전이 아닌 셈이다. 일상인 것이다.) 4번째 도전한다는 분, 처음 도전하는 분 등 한 마디로 전문 꾼들이다. 나만 처음이다.

오늘은 6월 8일, 그러니까 8코스다.

내일 9일은 9코스 이런 식이다.

항상 날짜가 일치하는 것은 아니지만 대체로 일치하니 참여하기 쉽고 아침 9시 30분에 시작점에 모여서 출발한단다.

간단히 인사를 나눈 다음 걷다가 도착한 곳은 동양 최대 웅장한 규모라는 약천사다. 1년 내내 약수가 흐른다고 하니 한 모금 입술을 적시고, 한라봉 사진도 찍고, 절 한 바퀴 돌고, 부처님께 마음의 인사도 드린다. 얼마 지나지 않아 멀리 보이는 말들. 그리고 대포 바다, 그리고 비린내. 그러나 동해안 대포 항에서 나는 생선 비린내와는 뭔가 다르다. 그럼 그렇지.

주상절리.

용암이 급격히 식으면서 수직으로 나타나는 정육각형 형태의 기둥 형태! 용암, 주상절리 사진 지찍찍(사진은 생략).

열정이다.

아름다운 열정이다.

야자수의 열정을 보았고, 요트 위에서 비명을 지르는 사람들의 열정을 발견했다. 축구장과 호텔 잔디밭도 열정적으로 관리되고 있었고, 색달 해변 모래와 사람과 파도도 열정이다.

특히, 용설란의 열정.

10m 정도의 꽃줄기가 하늘을 찌른다는 용설란! 나는 이 8코스에서 내가 본 모든 것을 아름다운 열정이라고 표현하련다.

베릿내 오름 정상(성천봉)에 오르니, 아 시원하구나. 이 바람은 주인이 뉘더냐? 범섬이냐, 문섬이냐, 아니면 고근산이냐, 군산이냐? 열정

▲색달해변

의 바람을 맞고 내려오니, 좀 지나 색달 해변이 보인다.
여기서 걷기는 고난의 행군이랄까? 역시 모래 위를 걷는 것은 가장 힘든 일이다.
그래도 다들 열정적으로 걷는다.

고향제주에서, 김치찌개에 탁사발 한 그릇 뚝딱!
역시 사람은 한 상에서 같이 주고받으며 먹어야 제 격…….

다음부터는 걷는 것이다. 오르막을 걷는 것이다. 도로 옆길을 걷는 것이다. 해병대 길이 막히면서 우회로를 이쪽으로 만들어 놓은 듯했다. 다소 지루하다.
그러나 그냥 지루할 리가 없지 않은가?
마라톤 하듯이 한 발 한 발 열정을 다한다.
올레 창시자 서명숙 님의 열정을 생각한다.
산티아고에 가서 한 여인을 만났는데, 그 여인이 했다는 말.
"니네 제주도 너무 좋던데. 니넨 너무 바쁘게 살아."
이 이야기에 충격과 감동과 인싸이트를 받고, 만들기 시작한 것이 올레길이라 한다. 지금은 올레가 브랜드가 되어 제주에서의 성공은 물론 대한민국 전체로 그리고 글로벌로 나가고 있는 듯했다.
'아카자봉'이 130여 명 된다니, 아마도 자원봉사자의 열정이 아니었으면, 내가 올레 길도 걸을 리 없었을 것이다.
무엇을 하든 스스로 저절로 자발적으로 시도되어야 무엇이라도 이룰 수 있음을 올레에서도 배운다.

그 이후 물길 따라 반딧불이 길 따라 가다보니 다시 바다다. 해녀 20여 명이 뭔가 일을 하고 있다. 그리고 나오는 논짓물(논에서 샘솟는 담수가 곧바로 바다로 흘러든다고 해서 이름 붙였단다.)에서 잠시 휴식 후 걷는다.

두 개의 뿔 모양의 군산과 호젓한 해안 바다 길에 오순도순 이런저런 대화하며 가다 보니, 기정 해안 절벽과 산방산이 눈에 들어온다. 어느덧 대평 포구, 여기서 9코스를 기약하고 각자 헤어졌다. 총 6시간 30분 놀멍 쉬멍 걸었다.

8코스는 아름다운 열정이다.

산과 바다 하늘을 닮아가는, 나

대평~화순의 올레 9코스다.

대평 포구를 출발하니, 바로 박수기정(샘물벼랑)이다.

멋진 사진 한 장 찍고 산뜻하게 걷기 시작한다. 얼마 지나지 않아 오르막길이다. 어이쿠, 길이 좁고 요상하다 했는데, 역시 몰질(말들을 몰고 다니는 길)이다. 박수기정 위에서 키우던 말들을 대평 포구로 옮기는 데 사용되었던 말들의 길이다.

자갈에 오르막이다 보니, 적잖은 사람들이 "등산하는 거 같다. 이 길이 싫다." 하고 투덜댄다. 그러나 나는 안다. 겉으론 투덜대지만 속으로는 기쁨에 차서 걷고 있다는 것을……. 그들은 대부분 올레꾼들이기에 그렇다.

어제에 이어 오늘도 아카자봉과 같이 걸었다.

참여한 분들을 보니 제주 사람이 아닌 외부 전문가 그룹 같은 느낌이라 그게 좀 아쉬움이라면 아쉬움이겠다. 메달에 도전하는 사람들 같이 보였다. 그러나 빠르게 걷는 선두 그룹에게 "천천히 산딸기도 찾아 보고 먹어도 보고 가자."고, 균형 잡는 모습을 보면서, 내 첫 느낌이 잘못 되었음을 바로 깨닫는다.

하루에 2코스를 걷는 분도 계신 듯하고, 매일 걷는 분들도 있는 듯하고, 하여튼 뭐든 미치라는 사람이 있고, 미치면 안 된다는 부류도 있게 마련인데, 그거야 역시 각자의 몫일 것이다.

몰질을 오르면 평지가 나온다.
잘 꾸며 놓은 삼림욕장이 주욱 이어진다.

닮았다.
비슷하다.
농군이 일궈놓은 파 마늘과 초록이 비슷하다.
이곳은 초록물이 묻어나는 풍경의 연속이다.
나아가 초록과 초록 바다가 어울려 퍼졌다 닫혔다 반복한다.
무엇보다 말을 생각한다.
이곳이 말들의 고향이자 삶의 터전, 그리고 말들의 고난, 고충의 집결지였다고 생각하니, 말띠인 나로서는 내가 여기 찾아올 팔자였나 싶다.
어쩐지 처음부터 자꾸 뭔가 닮았다는 생각이 들었다.
닮았다.
이곳에선 산과 바다와 하늘이 닮았다.
나도 끼워 넣으니 4자가 모두 닮았다.

강원도 산악지대 산만 오르내리던 나에겐 평화로운 꿈의 마을인 것이다. 내 고향 원주는 한마디로 치악산의 고장이다.
치악산이 어떤 산인가?
가파르고 험한 산의 대명사다. 구룡사 사다리병창을 타고 올라가고 내려오는 길은 어쩌면 도시인들의 삶과 닮아 있다. 급하게 오르고 급하게 내려오는 고통의 연속인 것이다.
오직 비로봉에 올랐다고 하는 성취감, 거기서 내려다보는 포만

▲*월라봉의 유반석, 저기 산방산 앞 봉우리에 무반석(아마 내 눈에는 보이지만, 다른 사람 눈에는 잘 안 보일 듯ㅎ). 유반석 무반석 전설을 듣고, 무반석을 찾아보는 재미도 솔솔하다(전설은 인터넷을 참조하시라).

감……그러나 오르고 내리고 하는 일상은 모두가 고통인 셈이다.

그런데 이곳 제주는 느긋하다. 여유롭다.

산비탈 같은 길을 걷고 있는 육지인들이 제주에 오면 그렇게 좋다고 말하는 이유 중 하나일 것 같았다.

산비탈 같은 위험천만한 산이 거의 없는 이곳의 산과 바다 하늘을 닮아가고 싶다.

계속 산방산을 수평으로 마주하고 걷는 기분은 내가 마치 산방산과 동격이라는 착각을 만들어 준다. 잊을 만하면 나타나는 산방산!

말들의 출입막이를 몇 개나 드나들었는지, 이 차단막을 드나들 땐, 말이 되었다 사람이 되었다 반복하는 느낌이다.

내리막이다. 편안하게 오솔길을 그냥 걸으면 된다. 여기서 형제 섬

일출을 보면 끝내준다는데, 아쉽게도 겨울에만 볼 수 있단다. 황개천 삼거리에서 중간 패스포트 스탬프 확인하며, 황개천의 안덕 계곡 물줄기 감상하고, 점심 하루방가든 식당에서 일행과 같이 식사하고, 화순 금모래 해변에서 짧은 일정을 마무리한다.

오늘 처음으로 제주 올레 패스포트에 잉크를 묻혔다.

형제의 길1

화순~모슬포의 올레 10코스를 걷는다.

처음 시외버스 타고 안덕 농협에서 내려 처음 아침을 중앙식당에서, 성게보말국을 먹었다.
처음이란 단어는 설렘과 기대감을 준다. 올레길 패스포트를 처음 지참하니, 이것 또한 작은 행복을 준다.
화순 금모래 해수욕장에서 금 타령 잠시 하고, 약간의 언덕으로 진입하면 메밀밭이 나오고, 화순 곶자왈 탐방로 방향으로 길을 걷는다.

산방산.
한 마디로 이야기하면 산방산은 거룩하게 우뚝 솟아 있다.
올레는 코앞에서 오르지 못하고 휘돌아 가는 코스다.
그 옛날 옥황상제께서 화가 나서 한라산 정상을 집어 던졌는데, 그 바람에 한라산 정상엔 구멍이 생기고, 튕겨 나와 떨어진 것은 산방산이 되었단다. 어쨌든 제주의 3대 산이라고 하면, 한라산, 성산일출봉, 산방산을 꼽는단다.
중간 사색의 길은 추사 김정희가 자주 찾았다고 하는데, 그는 55세에 제주에 와서 71세까지 장수한 것으로 알려져 있다. 오르지는 못하지만, 바로 코앞에서 보는 신빙산 질경이 발걸음을 가볍게 한다.

이어지는 곳이 사계리다.

여기서부터 사계리 해안이 펼쳐진다. 제주의 산과 바다와 들을 모두 맛볼 수 있는 곳, 한국의 아름다운 길 100선에 늘 끼는 곳, 올레꾼들도 손꼽아 꼽는 하이라이트 길이 시작된다.

정말 좋다.

바람이 쎄다고 하던데, 오늘 길은 바람이 없다.

그래도 좋다. 황토색 퇴적암, 발자국 화석(사람, 사슴, 새, 코끼리의 발자국)이 발견된 곳이기도 하다.

계속 보이는 것은 형제요, 뒤의 백 그라운드는 산방산이니, 그 무엇에 비할 수 있겠는가? 내가 화가나 시인이 아니라는 사실만 한탄스러울 따름이다.

내 재주로는 표현할 길이 없다.

형제.

형제다.

형제가 부부가 되었다 다시 형제가 된다. 그리고 하나가 된다. 가운데 한 아기가 더 있다. 그럴 땐 그가 자식같이 느껴지니 부부 섬이라 한들 누가 뭐라 하겠는가.

형제든 부부든 하나고 둘이고 셋이고 오순도순 부대끼고 살며, 이 고장 사람들은 저 섬을 보며 천년만년을 기도했으리라.

또한, 이곳에서의 일출이 그야말로 장관이라 하던데, 우리는 못 보지만, 추측으로나마 그럴 것이라고 저절로 확신이 든다.

이 해안 길에서 그냥 어찌 지나치겠는가?

비록 해물라면에 파전이지만 제주 막걸리가 있으니 천하를 얻었구나. 해녀 할머니 인어 상 앞에서 기분 좋게 마셨다.

그냥 이곳에 눌러 잡고 싶다.

처음에 올레 7코스부터 시작해서인지, 범섬 위주의 바다가 중심이고, 저 멀리 보이던 형제 섬은 약간 변두리가 아닌가 싶었는데, 그게 아닌가 보다. 여기서 보니, 형제 섬이 제주의 중심임에 틀림없다. 적어도 식당 주인아저씨는 확신했다.

이곳, 우리가 앉은 바로 이 자리가 무릉도원이라고…….

이어지는 송악산 해안선은 또 한 편의 드라마를 연출한다. 앞으로 뒤로 옆으로 봐도 다 좋아서, 욕심을 더 내본다. 정상(104m) 한 번 가보자. 그런데 올레로는 빠져 있구나. 아 아쉽다, 하고 아쉬움을 토할 무렵, 갑자기 사람들이 비명을 지른다.

고래가 나타났다.

우르르 몰려 절경 아래에서, 고래 떼가 줄지어 펄떡대는 것을 찍느라고 한참을 보냈다. 앞 뒤 옆 놀멍 쉬멍 하다 보니 어느 순간 원점이다. 송악산을 한 바퀴 휘돈 것이다.

다음부터는 역사공부 시간이다.

일제가 만들어놓은 고사포 진지, 그리고 알뜨르 비행장이 넓게 펼쳐져 있다. 알뜨르는 넓은 뜰이라는 의미란다.

이곳에서 일본이 중국을 향해 격투기도 출격시키고 자살 특공대인 가미카제 조종사를 훈련시키던 군사적 요충지다.

지금은 감자 배추 마늘이 평화롭게 자라고 있다.

그리고 이어지는 백조일손 제주 4.3 유적지를 지날 때는, 국가권력에 대해 생각하게 된다.

지금은 민주화 이후 희생자들이 복권되어 정부로부터 사과도 받았지만, 그분들의 넋이 위로가 되었을까 의심이 된다. 지금은 전쟁의 아픔을 덮듯 각종 농작물이 풍요로우니, 그나마 다행이라고 하겠다.

    오는 길에 농군 한 분 만나, 무 한 개 얻었다.
    하모 체육공원에 도착하니, 대정 토요시장에서 마늘 축제를 하는구나. 마치 우리를 맞이하듯 해서 자리회 무침에 제주 막걸리 한 그릇 뚝딱!

    올레 10코스는 천하의 절경(絶景)과 그 뒤에 숨은 아픔이라는 두 가지 얼굴을 하고 있었다.

진짜 설레는 형제의 길2

화순~모슬포의 올레 10코스를 걷는다.

비가 내린다.
비가 오솔오솔 내린다.
빗길의 올레는 처음이다. 같은 길을 두 번째 걷는 것도 10코스가 처음이다. 누구와 사전 약속하고 걷는 것도 이번이 처음이다. '처음처럼' 만큼 가슴이 설레는 일도 드물다.
첫사랑, 첫 등교, 첫 미팅, 첫 합격, 첫 출근, 첫눈, 첫 경험!
안 좋은 첫 경험도 있을 법한데, 대부분은 설렘을 동반할 경우 '첫'이란 단어를 떠올린다. 처음이나 새로움은 늘 설렘과 두려움을 동반하지만, 그것이 끝마칠 즈음이면 그 설렘은 어디로 갔는지 슬그머니 자리를 감추고 안주함으로 바뀌기 일쑤다.
그리고 안정을 추구한다. 설렘도 두려움도 없이 일상을 이어간다.
편하다는 이유로 자족하면서 살아간다.
그래도 그 정도면 괜찮다. 많은 경우 자족에 머무르지 않고, 주변에 불만과 이의를 제기하기 시작한다. 그런저런 매너리즘에 빠질 때, 우리는 다시 생각을 곧추세워야 한다.

설렘.

처음처럼.

첫 경험처럼.

새로움에서 또다시 설렘을 발견하고, 또 다른 새로움을 만들어낸다면, 그렇게 계속 이어지는 새로움 속에 살 수 있다면, 아니 그런 삶을 추구한다면…… 가능성을 떠나, 이론적으로는 늘 새로운 삶을 이어간다는 뜻이 아닌가?

오늘 10코스는 아침의 설렘이 그대로 이어진 경우였다.

같은 10코스인데, 사람을 날려버릴 것 같은 세찬 비바람이 이렇게 자연스럽고 신비했던가? 비바람이 부는 날이면, 사계의 해변을 걸을 일이다!

산방산 위에 걸터앉은 안개.

비바람 몰아치는 사계의 해변을 걷는 두 남자.

각본 없이 이어지는 대화의 길.

단산을 바라보며, 군산의 영험함을 시작으로 원나라 마지막 황제의 어머니 기황후 그리고 제주 엉또 폭포 주변에 얽힌 배 5척의 보물의 행방. 원씨 가문의 전설적 인물 원천석, 고려의 비밀을 간직한 채 정도전에게 한 방 먹고, 원균은 이순신에게 또 한 방! 아…….

솔솔 내리던 비는 어느덧 비바람으로 몰아치고, 올레 10코스에서의 대 서사시는 알뜨르 비행장을 지나면서, 커피 전쟁 역사터로 갔다가 라떼 카푸치노 에스프레소 아메리카노 한국 프림커피 그리고 설탕이 비

벼진다.

　커피와 석유 수출국, 정치인 경제인 동료인 등 인간세상으로 잠시 돌아왔다가, 술에 대한 기준, 하루를 여는 자세, 자녀교육에 대한 원칙, 사업에 대한 철학, Only One 정신으로 이어진다.

　옛 못쓸포는 온 데 간 데 없고,
　멋찐 모슬포가 두 남자를 반긴다.
　올레가 최고구나.
　방어와 자리, 뱀 밤나무 뽕나무로 이어지는
　자연의 먹이사슬로 마무리 짓는다.

　모슬포 항의 비바람은 세찬데, 자리물회를 먹고 있는 두 남자!
　새로움을 약속한다. 다시 설렘으로 연결된다.

　언약은 강물처럼 흐르고
　만남은 꽃처럼 피어나리.

　신영복 교수의 이 말이 함의(含意)하는 뜻은 다르겠으나, 치악산쎄오도 한 마디.

　언약은 비바람 속에 내리고
　만남은 꽃처럼 또 피어나리.

사람답게 살기 위한 가족

올레 10-1코스 가파도를 걷다.

파도.
파도를 더하다.
바람을 더하다.
가파도.

하루에 4번 뜨는 첫 9시 배를 놓쳤으니 11시까지는 널널하다.
선착장에 도착하여 주를 서니 여유롭다.
가파도 줄은 딱 2명, 마라도 줄은 대충 봐도 20여 줄. 저 넘들은 굳이 마라도를……아마도 마라도 짜장면 줄일 것이다.
ㅋㄷㅋㄷ.
그래도 다들 좋단다. 왁자지껄 무슨 말인지 못 알아듣겠다. 남은 시간, 모슬포 항의 하모식당에서 성게국을 먹고, 항 주변을 돌아보니, 생각보다 생각할 것이 많타.
첫째는 막 잡아온 배에서 펄떡대는 자리돔이란 놈을 본 것이고, 둘째는 역사의 현장을 본 것이다.
(백문이 불여일견. 사진을 보시길!)

가파도다.

대한민국의 유인도 중 가장 낮으면서(20.5미터), 가장 높은 산인 한라산을 볼 수 있는 곳, 한 시간이면 한 바퀴 돌 수 있는 곳, 그러므로 가파도는 걷기 위한 곳이 아니다. 머물기 위한 곳이다.

그런데 머무는 사람은 별로 보이지 않는다.

유람선을 타는 순간부터 왁자지껄 사진 찍으며 호호카카 하더니 내릴 때까지 끊임이 없다.

갈매기가 따라오는 것도 아니고, 뷰가 더 뛰어난 것도 아닌데, 사람들은 그냥 유람선만 타면 좋은가 보다. 아마도 내륙에 살던 사람들의 특징이려니 한다.

가파도다.

제주도 섬에서 가파도 섬으로 이동한다.

이 왁자지껄한 가운데, 나는 왜 사람 人이 생각났을까?

그건 나도 모를 일이다.

人人人人人.

사람은 무엇인가?

나는 이 물음에 대해 단 한 번도 생각해본 적이 없었다.

인생, 삶, 이런 것은 좀 생각해본 것 같은데…….

사람이란? 人人人人人. 사람이 다 사람인 것은 아니며, 사람이 사람다워야 사람이란 의미다.

그런데 이 세상에는 사람을 힘들고 어렵게 만드는 것으로 가득 차 있으니, 그 중 하나가 공부공화국일 것이다. 경쟁에서 이기고 남들보다 더 높은 지위를 추구하는 공부천지……그런데 이건 아니다 싶어 이곳에 터를 잡은 가족을 만났다.

사람답게 살기 위한 가족.

가파도 초등학교 뒤뜰에 자리한 최지수(초3)를 만났다. 엄마는 아이

들이 공부에 매달리는 것이 이건 아니다 싶어 도회지를 떠나 이곳에 자리 잡았단다.

아이는 체험학습이 좋고, 패션디자인을 꿈꾸며, 무한히 놀멍 쉬멍 하고 있는 듯했다. 이런 친구들, 가족들에게 무한 응원의 메시지를 마음으로나마 보낸다.

여기서 청보리 미숫가루 한 잔, 커피 한 잔의 여유를 느끼니, 내 마음이 이렇게 행복한데……이 가족이야말로 여기서 머무름을 실천하고 있느니, 존경심까지 다가온다.

곧바로 나타나는 송악산과 산방산.
제주에는 7개의 산이 있다.
한라산, 산방산, 송악산, 군산, 고근산, 단산, 영주산…… 이 중에서 영주산을 제외한 6개의 산을 볼 수 있다는데, 아쉽게 오늘 한라산은 보이지 않는다.

아쉬움은 아쉬운 대로 떨쳐 버리고, 이곳 청보리 언덕 즈음에서 양 팔을 벌리니, 내 손 끝이 파도에 닿을 것 같다.
파도소리 바람이 손끝을 스치는 느낌이다.
섬이 아주 아담하기 그지없어, 여기에서만 느낄 수 있는 감정이리라.

오른쪽 해안선을 돌아 B코스 A코스 왼쪽 해안선을 도니 종착점이다.
점심때가 되어, 마라도 못 간 한을 여기서 푸는 듯 해물짬뽕, 해물짜장이 대박이다.
푸짐한 해물짬뽕을 시켜 먹으니, 소주 생각이 따라온다.
해서 주인장께 옆 테이블에 남은 쇠주 가져와 달라고 해 석 잔을 들이키니 최고구나!

놀멍 쉬멍 멍 때리기 좋은 곳
나무가 거의 없는 곳

파도만 있는 곳
바람이 살아 움직이는 곳
지붕이 아름다운 곳
돌담이 예술인 곳
청보리가 유명한 곳
총 11명의 초등학생이 머무는 곳,
가오리 연 같은 가파도

의자마을의 결론

용수~저지의 올레 13코스 이야기.

시작점인 용수 포구에서 제주의 무인도 중 가장 큰 섬이라는 차귀도를 감상하노라니, 언젠가 저기서 낚싯대를 꽂으리라는 생각이 저절로 든다.

올레가 뭐 중요하나, 낚시로 갈아탈까나ㅋ?

아쉬움을 남기고, 슬픈 전설의 절부암 지나 마을 밭길을 돌면 가장 먼저 대한민국에서 가장 작은 교회가 눈에 띈다.

순례자의 교회란다. '길 위에서 묻다'라고 지붕 밑에 큼직하니 쓰여 있다. 여기서 잠깐 쉬고 계속 걸으니 용수 저수지다. 계속 이어지는 마을 돌담 밭, 이후 드디어 숲속으로 진격이다.

특전사 숲길, 고목 숲길, 고사리 숲길, 하동 숲길이 도로를 사이에 두고 쉼 없이 이어진다.

다양한 생명의 공간, 아는 풀이라고는 아무 것도 없지만, 이 공간들 만큼은 개발이 되면 안 되겠다는 확신이 저절로 스며온다.

꽤나 걸었나 보다. 점심시간 즈음 도착한 곳은 낙천리 아홉굿마을, 일명 의자마을(쉼팡)이다. 거대한 의자 탑이 있고 그 옆에는 수많은 의자가 각자 재미있는 이름표를 하고 올레꾼을 기다리고 있다.

자리.
의자다.
내 자리는 어디인가?
낙천리 의자마을이 명쾌하게 대답해 준다.
'임자가 따로 있나 앉으면 주인이지.'

그런데, 앉았다가 일어서서 가는 게 의자 아닌가?
계속 앉아 있을 수 없다는 면에서 의자는 비워 줘야 하며, 자리도 비워 줘야 하는 것 아닌가?
사람에게 오는 고통 중 심각한 것 중의 하나가 상실이다.
상실이란 어떤 사람이나 어떤 것과 심각한 단절을 경험하는 것이다. 이 단절은 순식간에 오고 심각하게 균형을 잃게 만든다. 사람은 어디에 소속되느냐, 어떤 계층이냐, 어떤 됨됨이를 가질 것이냐에 따라 인식된다. 그것이 긍정적이든 부정적이든 이런 틀에 의해 구체화되고, 이런 과정을 통해 사람대우 받고 사람값을 하게 된다.
그런데 그 자리가 없어진 것이다.
내 의자가 없어진 것이다. 소속이 없어진 것이다.
그렇다면, 나는 어디에 앉아야 한다는 말인가?
그것을 모르니 순례자들이 계속 걷는가 보다.

의자마을의 결론은 명확하다.
비워줘야 하는 것이 당연하다.
당연한 것이 일어난 깃이다. -이쑤신 장군의 결론

　이곳 수다 뜰에서 추억의 도시락을 까먹고 걸으니 잣길 아리랑길이 이어진다. 드디어 오늘의 하이라이트 저지오름 입구다.

　약 14명의 올레꾼들이 모여 약식 몸을 풀고 계단을 오른다. 자봉께서 어렵지는 않지만, 그렇다고 만만하지도 않다고 하기에 긴장 끈 바짝 매고 계단을 올라갔다. 그런데, '애걔, 5분 10분도 안 되어 다 올라왔구나!' 금방 올라가니 걱정하지 않아도 좋겠다.

　이 저지오름은 다른 능선들에 비해 풍성한 나무가 가득하여 10년 전에 '아름다운 전국 숲 대회'에서 대상을 차지했단다. 이어지는 전망대, 전망대 올라가서 내려다보니 시야가 뻥 뚫리면서, 한라산 산방산 비양도 등 제주 서부지역이 한 눈에 들어온다.

　(사진은 비양도 방향이다.)

　여기가 끝이 아니다. 분화구 밑으로 계단(259개)이 안내하고 있어 내려갔다. 기원전 25~20만 년 전에 형상된 원형의 분화구 형태로 둘레

800미터, 직경 255미터, 깊이 62미터 규모인데, 이 밑으로 내가 내려 갔다 왔다. 분화구 밑으로 갈 수 있는 곳이 그렇게 많지는 않다고 하여, 수풀로 빼곡 우거진 분화구 속살을 들여다보고 왔노라!
(당연 직접 보지 않으면 감흥이 없을 것이다.)

    잘 우거진 숲속을 한 바퀴 돌아 내려오니, 오늘 여행지 끝, 저지리 사무소 앞이다. 오늘 자봉 고수님으로부터 프랑스 생장부터 스페인 산티아고까지의 경험담을 소중히 들었다.
    제주 올레도 어쩌다 하다 보니 벌써 17회가 되었단다. 처음부터 목표로 삼았다면 못 했을 것이라고 고백한다.
    올레 생각에 맞게 바다와 귤, 그리고 화살표 보며, 느리게 꼬불꼬불 걷는 사람. 그게 올레꾼인 듯했다.

아~ 비양도여

저지~한림의 올레 14코스를 걷다.

저지리 정보화마을 뒷담 길 한적한 마을의 돌길로 접어드니, 새소리와 적당한 산들바람 소리에 기분이 좋아지고, 간세가 일러주는 큰소낭 숲길을 뚫고 나오니, 넓은 평원이 눈앞에 펼쳐진다.

어제 저지오름에서 내려다본 바로 그 길이다. 돌담길 밭길 숲길 하천길이 잘 있어 어려움 없이 너무 편안하다.

발리의 추억(3층 이하만 집을 짓는다는……야자수 높이보다 높은 집은 허락하지 않는다는…….)을 잠시 생각하고, 이곳도 무분별한 고층 건물은 안 들어오길 욕심내 본다.

참새들의 놀이터, 청보리밭 지나면, 무성한 칡넝쿨이 숲속을 뒤덮고 있다. (칡넝쿨이 나무의 성장을 막기 때문에 육지에선 일부러 잘라 주는데, 여기서는 괜찮은지 모르겠다.)

런저런 생각하며 빠져나가면, 보이는 것은 돌, 돌이다.

돌이다.
돌담이다.
돌담이 밭과 밭 사이, 집과 집 사이, 도로 사이사이, 그리고 죽음과 삶 사이에 돌담이 쌓여있다.

　돌이 많으니, 높은 돌담길을 걸을 땐 한 편 성곽을 걷는 기분이지만, 다른 한 편 밭 사이사이 높은 돌들을 보면, 돌 동네를 밭으로 일군 고통의 땀을 생각하지 않을 수 없다.

　굴렁진 숲길에서 햇빛을 잠시 가리고, 신기한 선인장 돌담길 지나, 참 편안하게 월령까지 걸어왔다. 내 페이스대로 걸어서인지, 잡념이 많아서인지, 길에서 만난 일명 방사님(독일 유학과 외국인과의 멋진 삶을 응원합니다.)을 만나서인지는 모를 일이다.

　어쨌든 14코스 전반부는 편안한 길, 후반부는 미리 이야기하면 해변의 신비하고 오묘한 놀멍 쉬멍 길이다. 해변, 모래, 사람, 바다색깔, 비양도……캬~~ 감탄이 절로 나온다.

　비양도는 사람을 빨아들이는 묘한 매력이 있다.

　옥빛으로 일렁이는 바다 너머 비양도에 취하지 않을 수 없다.

　점심을 능금에서 쥐치물회로 간단히 한 후, 놀멍 쉬멍 시작이다.

　능금으뜸원 해변.
　그냥 걸으려다가 모래로 걸어야지 하다가, 신발 벗고 걸어야지 하다가, 발에 물만 당가야지 하다가, 결국 발 당구고 잠시 앉아 있자 하다가, 끝내 거기서 아예 누워 버렸다.
　아~비양도여.

　이 산호 같은 푸르름을 어찌 불러야 한다는 말이더냐?
　(이러구 앉았다 누웠다 베트남 부산 서울과 교신하길 30여 분……돌 자리지만 최고의 명당자리로다.)

　아쉬움을 뒤로하며, 비양도를 계속 바라보며 걸으니, 이번엔 협재해변. 많은 사람들이 여름 캠핑준비를 하고 있다.
　이어선 옹포 마을.

여기서도 돌담길……어쩌면 여기가 삶의 현장일지 모른다.
한림 항에 오니 이제야 한라산이 내 눈에 들어온다.
오늘은 비양도, 비양도 바다에 취해,
그 외에는 아무 것도 들어오지 않는구나.

묵묵한 발걸음, 서걱서걱

올레 15-A코스 한림~고내를 걷다.

비양도를 떠난다니 마음이 아스라이 아프다. 어제 발을 바다에 담그고 벌러덩 누워 비양도 산호 빛 바다를 회상하며, 이제라도 시 한 수 남기고 가야겠다. 하고 노트를 꺼내든다.

**비양 산호 빛에 취해 발 담그고 벌러덩 누웠더니
수줍음 게 물렀거라, 여기가 명당이로다.**

오늘따라 나무 솟대 홀로 지키고 있구나.
갈매기 비둘기 너희들은 어디로 놀러갔니?
아쉬움을 뒤로하고 15-A코스 언덕 방향으로 돌아간다.
평지, 들, 넓은 곳……이 정도면 내 상식으로는 평야로 불러야 할 것 같은데, 드르 뜨르 같은 이름은 없나 보다. 그냥 수원리, 대림리, 성로동, 귀덕리, 납읍리인 듯했다.

영생이물통, 영새샘물, 활터 등이 있지만, 마을을 돌고 농로가 이어지는 코스다.

묵묵함이다. 뚜렷한 하이라이트 없는 곳.

묵묵함.
묵묵하다.
고요하다.
지난하다.

새들의 소리도 비교적 적게 들리고, 오늘따라 바람소리도 작고, 스프링쿨러 돌아가는 소리가 가끔 들리고 비닐하우스 안에서 들리는 라디오 소리, 트로트 소리 가끔……저 멀리 예초기가 풀 깎는 소리. 농촌에 농부의 소리는 그 어디에도 없다.

말없이 어디선가 풀을 뽑고 있을 것이다. 묵묵하면서도 고요하게 지난한 노동을 하고 있을 것이다.

허리는 굽고 무릎은 욱신대도 묵묵함을 견디고 있을 것이다.

묵묵함은 고요함과 일관성의 합이며, 농부가 살아가는 삶의 방식일 것이다.

하루하루는 묵묵하지만 쌓이고 쌓여 역사가 이루어졌을 것이다.

▲금산초등학교

그러기에 비록 하루가 묵묵하더라도, 허투루 살 수 없었을 것이다.
그러기에 세월을 두고, 지난한 세월이라고 말할 것이다.

*사탕옥수수를 따는 농부. 일반 찰옥수수랑은 달라서 일찍 따야 한단다.

대림리에서 유자차 얻어 마시고(할망 고맙쑤다^^), 그렇게 저렇게 묵묵한 발길을 옮긴다.
나는 오르막을 오른 것 같은데 어느덧 바다와 가까워지고, 다시 돌아 올라가는데 다시 바다가 보이고, 들이 이어지는 가운데 산과 바다가 교차하여 보이는 이 길.
걷기엔 딱이다.

나는 무심히 걷는다.

나는 묵묵하게 걷는다.
내 걷는 소리만 서걱서걱 들린다.
그런데도 '이 코스 선택하길 잘했다'라는 생각이 든다.
서걱서걱 서걱서걱 서걱서걱.
서걱서걱 소리가 나를 위로한다.

산운정사에서 마음의 오체투지 세 번 하고, 다시 들판을 무심히 걷는다. 귀덕농로를 지나, 어느 틈새 한림읍에서 애월읍으로 넘어간다. 버들 못 농로를 지나고 사유지 숲길 지나, 별빛펜션 지나니, 2001년 아름다운 학교로 선정된 금산 초등학교가 나온다.
이곳에서 납읍리 난대림지대인 금산공원 한 바퀴 돌며 새소리 실컷 듣고, 점심은 금산식당에서 몸국 뚝딱!
그런데 스탬프 중간지점 찍는 곳을 지나 버렸다. 다시 돌아가 스탬프 찍고 보니, 금산초등학교.
아담한 사이즈의 '푸르메가 살고 있는 곳'이란 곳이 눈에 띈다. 자녀 이름이 푸르메라는 곳. 제주 산신께서 점지해 주시고, 길러주시고, 오 푸르메여 제주 한라산 같이 푸르른 삶이 되길……치악산쎄오가 마음으로나마 응원한다.
지난번 가파도에서도 학교 뒤에 도회지 생활에서 벗어난 친구가 있었는데, 이번엔 금산이구나.
어쩌면 초등학교 뒷동네가 아늑하고 아이들 교육 환경에도 좋겠구나 싶다. 맹모가 따로 있나 여기가 맹모지…….
이곳에서 청귤티-모이또 한 잔 달달하게 마시니, 기운이 두 배 솟고,

이 코스 선택의 당위성 하나를 더 추가하는 기분이다.

납읍리 마을을 돌아 나와 백일홍길 임도에서 한라산 한 번 다시 조망하고, 들판을 꼬불꼬불 돌고 돌아 고대봉 길로 접어든다.

쭉쭉 뻗은 소나무 숲을 지나 내려오면 고내포구 도착점이다.

다시 바다다.

제2장 만남

만남의 길,
올레를 내 품에 담다

사람을 만나 인연으로

고내~광령의 올레 16코스를 걷다.

고내포구-광령1리.
좀 일찍 도착하여 낚시꾼들이 낚시하는 현장을 돌아본다. 자리를 성큼 낚아채는 것을 보며 돌아오는데, 해녀 20여 명이 2소대로 나눠 출동하고 있다. 혼자 걸을까, 같이 걸을까 오락가락하다가 오늘 완주한다는 분이 한 분 생각나서 같이 걷기로 했다.
출발!
애월이란 이름이 좋아서인가, 포세이돈이 정신 줄을 놓았다는 곳을 지난다. 다락쉼터 이어 주~욱 이어지는 해안단애 산착로! 그냥 좋은 길이 계속된다.
마냥 눈이 즐겁다. 어디쯤인가 정자각에 둘러 앉아 자기소개도 하고……자봉님의 선물지급도 있고…….

해안선 어느 즈음 바위에 올라, 신들의 제물 같은 사진 한 장 거나하게 찍고, 소금 흔적 있는 구엄 포구에서 산 방향으로 올라가면서 걷는 길. 이후, 항파두리도 좋았고, 청화마을도 호젓했던 것 같은데, 미안하지만 오늘의 올레는 길 답사기라기보다 사람 답사기라고 해야겠다.
사람을 키워드로 정리한다는 게 죄송하고 잘못된 것이어서 망설여

지긴 하지만, 올레에서 이런저런 사람들을 만날 수 있기에 그 한 예로 생각하면 될 듯싶다.

먼저 오늘 코스를 지원하신 자원봉사 선생님은 키워드를 연필, 볼펜, 공방, 수염, 커피, 와인, 베풂이라고 해야겠다.

처음 보는 순간부터 이 사람에게 취하기 시작했는데, 그 수염에서 나오는 카리스마를 시작으로 직접 손으로 모든 일을 하고자 하는 분이다.

커피든 와인이든 직접 만들어야 하고, 집은 직접 지어야 하고, 지금은 연필을 직접 깎는 남자! 그리고 자유로운 사고와 거기서 나온 볼펜 등을 선물하는 것을 좋아한다.

나도 덩달아 나만의 펜 하나를 선물로 받았다.

다음은 맥아더스쿨 교장.

처음엔 무조건 칭찬하는가 싶더니, 퇴직 이후엔 아내와의 관계가 가장 중요하고, 경조사비는 반으로 줄이며, 인생2모작 준비할 때 우선은 쉬고 또 쉬라는 분이다.

　　나중에 보니 인생2모작, 창직, 컨설팅을 하는 분이셨다. 수없이 많은 좋고 유익한 조언과 개그로 유쾌하게 사는 멋쟁이다. 나중에 나오지만 며칠 같이 다니고, 한라산 등반도 같이 한 우정을 나눈 친구로 발전하게 되었다.

　　이분도 수염이 가수 박상민 수준이다. 나도 거기에 끼니 한 명은 레옹이 되고, 한 명은 숀코넬리가 된다. 이렇게 길을 통해 사람을 만나며 나는 두 번째 넉다운 되었다

　　관점의 변환, 시선의 전환……이런 단어는 내 트레이드마크였는데, 이 분은 그걸 행동으로, 더 나아가 다른 사람을 코칭까지 하는, 한 마디로 클래스가 다른 세상에 있었다.

　　코칭의 달인을 거리에서 만나게 되다니, 뭐라 은혜를 갚아야 할지, 그 이후 많은 배움의 길이 이어졌다.

　　세 번째 오늘의 뜻밖의 만남은 풀코스 소녀, 혜민 님.

　　그분은 4년 만에 올레길 전체를 오늘 완주하는 분이다.

　그냥 대단하다는 생각이 들었고, 뭔가 한 마디라도 격려와 용기를 줘야 될 것 같았다.
　결과로 보니, 내가 격려와 용기를 받게 된다.
　서울 올라가서 내 블로그에 늘 관심을 갖고 '좋아요' 눌러주신 몇 안 되는 분 중의 한 분이다. 내 글을 읽고 울컥울컥 생각이 난다며 글을 계속 써줄 것을 당부했고, 나는 그 답글 한 마디에 큰 격려와 용기를 얻었음을 이제야 말씀 드린다.

　점심은 수산시장에서 족발 보쌈.

　산티아고 홍할멍님.
　걷는 사람들의 로망이라는 산티아고, 그 800킬로 이상을 걷고 오신 70세 홍할멍님께서 점심 먹는 중 바로 옆자리에서 2차를 제안하신다.
　어느 누구의 청인데, 날름 받았다. 서귀포 올레시장 앞에 있는 밧데리 충전소에서 하는 기타 공연 가자고 하신다.

너무나 감사한 제안, 이후 다음날 벨롱장까지……그 이후 제주도의 많은 명소와 좋은 곳들을 소개받았다. 좋은 것을 어떻게든 나눠주시려는 살아있는 지성을 느꼈다.

그리고 공기업 40대와 50대 청년, 부산 친구와 함께 걸으며, 이런저런 사는 이야기 나누며, 그렇게 좋은 사람들 만나, 좋은 걸음을 했다. 그것으로 충분히 과분하게 만족했다.

거기에 머무르지 않고 저녁시간에는 서귀포 밧데리 충전소를 운영하는 분들의 끊임없는 시도들에 더 놀랐다. 기타에 맞춘 춤과 시, 그런 모든 것들은 삶에 대한 애정에서 비롯됨을 느꼈다.

그 중 시 한 편을 소개하면 다음과 같은 것이다.

> 그래!
> 살아서 느끼지 못하는 천국을 갈망하느니
> 지옥 같은 세상을 차라리 사랑하겠어
> 그리고 다음에도 또 그대가 받아준다면
> 지구, 이곳으로 다시 오고 싶어

니체의 아모르파티를 그대로 옮겨 놓은 듯싶은 삶의 철학을 느낀다. 삶과 죽음의 통찰이구나.

결국은 아리랑으로 마무리되는 공연. 정말 멋졌다.

기타 연주와 춤은 인간이 만든 문명, 최고의 작품, 예술 같았고, 기타 연주와 시는 새로운 콜라보를 지속하는 듯했다. 기타리스트 김광석 씨는 정말 프로 그 이상이었다.

많은 분들을 한 번에 만난 뜻 깊은 16일이었다.
우주중심년 수처작주월 오늘 치악산쎄오.

길도 사람도 연결이다

시흥~광치기의 올레 1코스.

일요일이라 늑장부리다가 18코스 같이 걷는 시간을 놓쳐, 살짝 쉴까 고민하다가 '그래 결심했어!' 하고 다소 늦은 시간에 걷기 시작한 곳은 1코스다. 페이스북 가입 첫날, 첫 코스, 혼자 가 봐야지, 하는 단순함으로 걷기 시작했다.

첫 감탄사는 말미 오름에서 온다. 좌로 소나무를 언뜻 보며 부드럽게 걷다 보면, 성산일출봉과 우도가 펼쳐진다.
아~ 기가 막히다.
성산일출봉과 우도를 함께 보다니, 게다가 멀리서도 산호 같은 바다와 마을구경에 눈이 호사를 누린다.
내려오면서 S자를 그리며 걷다가 부드러운 능선을 타고 오르는데, 여기가 알 오름이다. 두 번째 감탄사가 나온다.
첫 번째보다 훨씬 조망이 좋다.
오름들이 많이 보이는데, 다랑쉬 오름 용눈이 오름, 높은 오름, 동거문 오름 등이 다 보이고, 바다로는 지미봉 우도 성산일출봉 섭지코지까

지 제주도 동쪽의 모든 뷰가 여기서 펼쳐진다.
　　(용눈이 오름은 산티아고 홍할멍이 소개해준 곳인데, 담에 꼭 가야징.)
　해안선의 산호 빛과 마을의 빨강 파랑 지붕, 밭의 꼬불꼬불한 전경의 아름다움이 그지없다.
　아이고~ 바람도 시원하게 불어온다.
　이래서 1코스로 정했구나 싶다.
　내려오는 숲길에 노루 한 마리, 날 보고 화들짝 도망가네. ㅎㅎ.

　연결.
　연결이다.
　만나고 헤어지고 이것이 저것과 다시 연결되고
　풀과 나무와 숲과 오름과 산과 사람과 동물과 연결된다.
　그리고 바다와 연결된다.
　관계다.
　이 모든 것이 연결되어 있는 것임을 누가 분리하고 구분하고 구별하고 O X 했을까? 심지어 육지와 바다가 분리된 것인가, 연결된 것인가? 분명 연결되어 있는데……우리는 분리하여 이야기한다.
　심지어 육지와 하늘도 연결되어 있는데……한참을 분리하여 이야기하곤 한다.

　　(*나중에 서명숙 씨의 1코스 개발 스토리를 읽게 되었는데, 그도 말미 오름과 알 오

름의 연결에 의미를 크게 부여한 것을 보면서, 내 감각과 일치함에 적잖이 놀랐다.)

　　문득 삶과 죽음도……
　　연결되어 있음이 분명하다는 생각으로 이어진다.
　　다만 형태와 내용과 기준과 방식이 다를 것이다. 그러나 어쨌든 어떤 형태로든 연결되어 있을 것이다.
　　모든 것은 연결되어 있다면 그렇다면, 관계다.
　　삶의 방식은 관계 중심이어야 한다.
　　삶의 방식은 목적 중심이어선 안 된다.
　　관계 중심이라면, 모든 것이 하나하나 순간순간 소중할 것이다.

　　인류사는 동물적 삶을 살다가, 신들의 세상에서 살다가, 지금은 인간 중심의 세상에서 살게 되었다. 이제는 생명사상으로 넓어졌고, 그렇다면 그 이후, 우주적 삶은 무엇일까?

　　오름에서 내려오며 별 생각을 다 하는구나. 잠시 정자에서 쉬며, 오이 하나 먹고, 종달 수다뜰에서 고등어구이로 늦은 식사를 하고, 마을 돌담길을 걷는다.
　　수국이 군데군데 피어 있고, 어느 집에선가 아주머니들 바둑돌 놓고 화투판을 벌이고 계신다.
　　동네가 아기자기하니 여유와 낭만이 있는 곳 같다. 종달리엔등 작은 술집과 커피, 음식점 등을 지나, 마을 느티나무 밑에서 잠시 휴식이다.
　　이어, 평지를 조금 걸어 나가면, 바다가 펼쳐진다. 감탄사가 세 번째

나온다. 바다색은 산호요 선은 동그라니, 그 폼이 아름답기 그지없다. 계속해서 종달리 해안도로가 이어진다.

　아이들 몇 명 노니는 것을 보며, 걷다보면 오름에서 보았던 그 빨강 지붕집도 지난다.

　중간 즈음 반건조 오징어를 말리고 있어, 그냥 지나칠 수 없기에, 편의점에 들려 맥주 원캔 원샷. 캬 조쿠나. 이 길은 마라도와 성산일출봉을 끊임없이 보며 걷는 길이다.

　거의 끝에서 조금만 돌면, 오소리 앞이다. 성산오즈 트레일 코스인 듯하다. 바다인지 호수인지 호인지?

　강릉경포대나 속초영랑호 같은 둘레길이라면, 마라토너들은 이곳에서 한 바퀴 바닷바람 맞으며, 조깅을 꼭 해줘야 하겠다. 여기가 작은 감탄사 네 번째다.

　우도 선착장 지나('안녕히 가십시오.'라는 표시석이 영 맘에 안 든다. 제주 언어를 써야지 왜 서울 사투리를 썼을까?), 작은 언덕을 오르면, '아!' 하는 감탄사

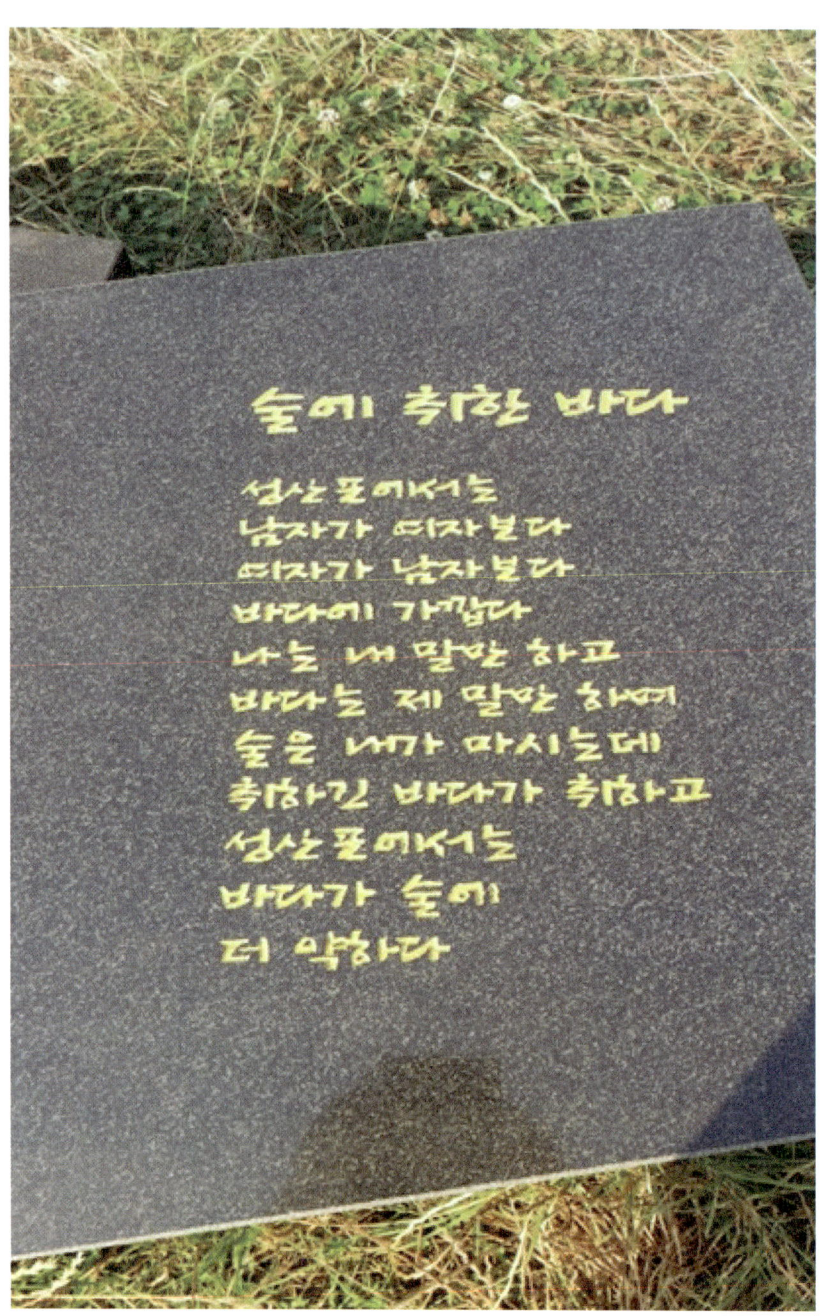

가 절로 나온다. 여기 감탄사 다섯 번째!

　여기가 절정인 줄 알았다. 그런데 바로 돌아가니 Cloud 앞 잔디밭이다. 감탄을 아니 할 수 없다.

　우도와 성산일출봉을 아우르며, 말들이 풀밭에 있고, 저쪽 일출봉 오르는 사람들이 보이고……여기서는 그냥 관조만 하면 되겠다. 그러면, 나는 왕이 되고, 시인이 되고, 그냥 작품 속에 들어와 있는 것이 된다.

　정말 미치겠다. 저 아래 해녀 발길이 닿는 곳으로 몰래 들어가 쇠주 한 잔 하고 싶다. 대신 시 한 수로 대신하련다.

　이생진 시인의 <술에 취한 바다>.

　올레의 끝판왕. 모든 걸 담아 놓은 곳이 1번 코스인 듯싶다. 차라리 1번 타자로 하지 말고 마지막 타자로 하지…….

　성산일출봉 방향으로 오다가 전통발효음료인 쉰다리 한 잔 걸치고, 노트를 펼치니, 웬 아저씨 내게 달려온다.

　그림 그리는 줄 알고……그림 그리게 생겼냐고 물으니, 내 몰골이 그냥 그림 자체란다. ㅎㅎ.

　성산의 관광객은 오늘도 북적대는구나. 성산을 뒤로하고 호젓한 곳에서 잠시 페북 하고 가는데, 아~ 아픔이여. 제주 4.3 성산읍지역 양민 집단학살 터다.

　이곳에서 당시 제주 인구의 10분의 1이 학살되었다니, 마음이 갑자기 복잡해진다.

　마음이 아련하여, 위령비 앞에서 고개 숙여 묵념으로 대신했다.

그러고 다시 보니, 저 밑에 진지동굴인지 동굴들이 보인다. 일제 시련도 겪었던 것이다.

마지막 코스는 광치기 해변. 여러 가지 생각으로 걷고 있는데 저쪽에서 부녀가 말을 타고 온다. 보기 조오타~!

오후 5시경, 1코스 마지막 지점에 도착했다. 그냥 갈 수가 없었다. 털썩 주저앉아 한참을 성산일출봉 바다를 바라다보았다.

바다 섬은 우리에게 우수를 준다. 뭔지 모를 우수…… 그리고 우리는 시인이 되거나 화가가 되거나 작가가 된다. 나는?

몇 번 감탄했는지 모를 1코스……눈부시게 아름답고 화려하면서 마냥 화려할 수 없는 제주의 올레길이다.

만남에서 독서로

조천~김녕의 올레 19코스.

오늘 시작은 산티아고 홍할멍, 맥아더 교장과 함께 했다. 참고로 홍할멍은 3일 전 16코스에서 만난 분으로 김정운 교수의 『나는 아내와의 결혼을 후회했다』라는 책을 좋아하시고, 이어령까지 탐독을 계획 중이신 산티아고 홍이다.

맥아더 교장은 맥아더스쿨, 창직, 인생2모작으로 인터넷 치면 정보가 차고 넘치는 전문가다.

셋이 출발지인 조천만세동산에 도착하니, 분위기가 예사롭지 않다. 걷기 시작한 지 얼마 지나지 않아, 바다가 보이고 정자각이 보인다.

알렉스라는 25세 독일 친구, 수녀님, 산티아고 채송화의 한 달 살기, 세 달 살기 청년 등등 멤버가 그 어느 때보다 다양하다. 이런저런 이야기로 마을에 접어들고, 밭을 지나 오름이구나. 서우봉이다.

함덕 서우봉 해수욕장. 몇 년 전 겨울 한라산 영실 갈 때, 왔던 곳이다. 반갑네, 함덕!

나름 낙조가 좋다는 전망 있는 곳에서, 사진 한 장 대신하고 둘레 숲을 계속 걷는다.

현우식당에서 쌈 정식을 둘러앉아 먹고, 가릿당 해변 지나 북촌포구

로 방향을 잡는다.

 이어지는 숲길, 긴 도로 길, 다시 숲길 지나 동북리 마을 운동장에서 중간 점검하고 소나무와 상록수가 우거지고 가시나무 숲이 마구 자라는 숲. 이곳이 곶자왈 지역인지는 잘 모르겠다. 하여튼 풍력발전을 통과하며 계속 이어진다.

 어느 마을길에 고은 시인의 <그 꽃>이란 시가 보인다.
 이름도 모르는 그 꽃, 간단하지만 그 느낌은 강렬하다.

 벌써 네 번째 완주한다는 분이 옆에서 걷기에 그냥 물어봤다.
 "한 번도 아니고 그렇게 왜 계속 걸으세요?"
 "이유가 있나요, 그냥요."
 우문현답에 나도 그냥 걷는다. 열대우림 숲 같기도 하고, 곶자왈 같기도 하고, 더워서인지……어느덧 메밀 밭, 배추 밭이 보이고 저 멀리

바다도 다시 다가온다.

허허한 들판을 보며, 마리아 수녀님 한 말씀 하신다.
"가을 지나고 겨울 준비하는 거 같아요. 육지는 지금 시퍼런데~."
수녀생활에서도 갈등은 항상 있다. 그 갈등이 때론 성숙을 주는 것 같다. 나를 적나라하게 직면하게 되고, 이때 극복하거나 그렇지 못하거나……한단다.
베트남 2년 생활을 통해 그들은 시키는 것에 익숙하고 집단생활에 익숙한 것을 목격했다. 이를 통해…… 생각의지, 자유의지, 선택한 삶을 살 수 있도록 해준 예수사랑에 감사드린다고.

이렇게 저렇게 놀멍, 쉬멍, 즐기멍, 이야기하멍, 날개 달린 간세 지나, 어느 작가의 공방이 나오고, 바로 종착지 김녕서포구 주차장이다.
엊그제 만난 하늘게스트하우스 연예인이 짠~ 하고 나타나, 수박 한 덩이 쑥덕쑥덕 썰어 줘서 날름 먹고, 다음 장소로 이동.
키워드 독서법 수강!

19코스는 바다와 오름, 곶자왈, 마을, 밭 등 제주의 가장 아름다운 모습들을 지루할 틈 없이 펼쳐 보여준다.
밭에서 물빛 고운 바다로, 바다에서 솔 향 가득한 숲으로, 숲에서 정겨운 마을로 이어지는 길의 전환은 너무 빠르지도 너무 늦지도 않다.
딱 적당한 시점에 적당한 풍경이 마치 무대 뒤에서 완벽한 분장을 한 채 대기하고 있던 배우처럼 등장하며 길의 드라마를 펼쳐나간다. 그

▲키워드 독서법의 키워드

래서 제주 올레.

키워드 독서법의 키워드는 부록이다.
(*올레를 마치고, 맥아더교장을 필두로 수녀님, 자봉 선생님과 함께 장소를 이동하여 독서하는 법에 대해 토의를 가졌다.)

관심 분야 3~5가지를 먼저 정하고, 이와 관련된 책을 20~30권 집중적으로 읽으면 지식이 엉겨서 머리에 지각변동이 생기고 드디어 화산이 폭발하듯 지혜가 솟구친다. 글쓰기도 물론 가능해진다.

책 읽는 방법은 키워드를 넘나들며 읽고, 다 읽은 것은 서평을 겸한 제멋대로의 독후감을 반드시 써내려가는 것이다.

예를 들어 독서를 통해 지혜를 얻도록 질문하는 사람_자신을 드러낼 수 있는 문장을 만들면, 그 다음부터 가슴이 펄떡대기 시작한다. 인생이 새롭게 시작되는 시점이다.

   생각의 결과가 글쓰기 아니겠는가?

   이 세상의 인문학적 키워드는 크게 3가지로 움직이고 있다.

   그것은 메멘토모리, 카르페디엠, 아모르파티.

   즉 죽음을 마주하라, 현재에 충실하라, 운명을 사랑하라가 그것이다. 나는 그 속에서 삶이라는 것은 그 사람의 태도가 모든 것을 결정한다는 것을 배웠다. 그 태도는 생각에서 나오며, 한 사람의 '생각'은 그 사람이 살아온 삶의 결론임을 인식하게 되었다. -치악산쎄오.

   그러므로 생각의 결과인 글쓰기는 삶의 최종 지표인지도 모를 일이다.

낯선 사람의 효과, 걷기의 힘

하도~종달의 올레 21코스를 걷는다.

제주 올레 마지막 길인 21코스,
그러나 한 바퀴 다 돈 것으로 오해는 하지 말자. 시간 나는 대로, 마음 닿는 대로 걷다 보니, 이제 절반을 돌고 있다.
해녀박물관에서 하늘을 보고, 오늘은 바람과 구름과 함께 하겠구나 기대하며 출발한다.
작은 언덕인 연대동산을 오르내리면 조그마한 마을이 있고, '너를 만나 행복해'라는 게스트하우스가 눈에 띈다. 마을 지나면 낯물마을의 밭길이 이어진다.
뒷바람 맞으며 걸으니, 나그네가 따로 없다. 내가 보따리 짐 싼 나그네 모습이렷다. 여기가 외적의 침입을 막기 위한 별방진이였구나.
밭을 이리저리 돌고 돌다 보니, 앞에 구름이 나를 반긴다.
양팔을 벌려 바람을 불러 모으고, 파도소리에 귀를 열어 놓고 무던히 걷다보니, 어느덧 파도소리가 가까워지고, 뒷바람이 옆바람으로, 그리고 지금은 앞바람이다.
와~! 이 넓은 바다가 나를 쾌청하게 반긴다.
섬 하나 없고, 배 한 척 없는 오직 바다뿐이다. 바당(제주어로 바다)이다. 시선을 좌로 우로 끝까지 고정시켜 보지만 오히려 앞은 보이는데

좌우는 보이지 않는다.

누가 이 해변을 작다고 소개했는지? 아마도 해수욕장이 작아서 작다고 한 것 같다.

바다의 길이는 끝이 보이지 않는다.

김대중 선생이 2006년에 들렀다는 석다원이란 곳을 지나며 해안도로가 계속된다.

중간 중간 게스트하우스가 있고 커피숍, 칼국수, 해물라면집도 보이는 아기자기하고 소박한 동네다.

(참고로 식당은 소박한 것 같지 않다. 혼자 식사 좀 하려니 쉽지 않다. 은근 눈치에 두 집 들렀다가 그냥 나왔고, 두 집은 휴무란다. ㅠㅠ.)

신동코지불턱(불턱은 해녀들이 옷 갈아입거나 휴식하는 곳), 각시당(바람의 여신인 영등할망에게 무사 무탈을 비는 곳)을 지나면서 저 멀리 보이는 섬 하나.

토끼 섬이다.

멜튼개(밀물에 들어온 고기가 썰물에 못 나가도록 막은 곳) 지나 해안선을 돌아가니 우도와 성산일출봉이 앞에 떡하니 버티고 있다.

아담한 하도 해수욕장.

이곳에선 모래해변을 걷고, 곧 이어진 하도 철새도래지 해안가에서 철새를 찾아보지만 지금은 계절이 계절인지라 보이지는 않는다. 그래도 모래해변에서 아이들이 모래성도 쌓으며 노니는 걸 보니, 행복의 끝판왕은 여기구나 싶다.

니체가 그랬지 아마

낙타 같은 삶, 사자 같은 삶, 놀이하는 아이 같은 삶.

낙타같이 시키는 일만 하며 살 것인가?

사자같이 맞서 싸우며 개척하며 살 것인가?

아이같이 놀이하며 살 것인가?

이 세상에서 가장 행복한 사람은

'해안가에서 모래성을 쌓은 아이들'이라고
누군가 그랬다.

다시 나그네의 운동화 끈을 매고, 돌담길 돌아 밭길을 지나고 지나니 지미 오름 시작이다. 간세가 가파르지만 길지 않다고 소개하고 있다. 그런데 실제 올라보니, 나름 힘든 코스다.

10분 채 안 올라갔는데, 육수가 온 몸을 감싸고 흐른다. 동아줄 즈려밟고 아주 꽉꽉 즈려 밟고 올라가는 길이다. 지미봉 중턱에서 하도리 해수욕장과 철새도래지 뒤돌아 조망하고, 다시 힘…….

드디어 정상 613m다.
제주목의 땅 끝에 있는 봉우리. 지미 봉. 지미 오름.
올레길 여행의 시작인 시흥초등학교, 말미 오름, 당근 밭, 감자 밭이 한눈에 들어오고, 그 한편으로 성산일출봉이 떠 있는 푸른 제주의 동쪽 바다와 용눈이 오름, 다랑쉬 오름이 있는 제주의 동부 오름 군락이 밀려든다. 길었던 지난 여정을 파노라마처럼 풀어놓아도 좋은, 고개를 끄덕이게 하는 아름다운 풍광이 여기 제주의 땅 끝에 있다. 제주 올레.

동쪽의 360도 파도라마를 감상하고, 지미 봉을 내려와, 작고 아름다운 종달리 백사장에서 마무리한다. 그리고 '낯선 사람'을 생각한다.

총 26코스 중에 7코스를 시작으로 지금까지 13개 코스를 걸었으니, 올레길 기준으로 이제 딱 절반을 걸었다.

처음엔 아무 생각 없이 '일단 걸어보지 머!'로 시작했다가, 지금은 호기심이 발동한다. 낯선 사람의 효과를 생각하게 되었고, 우연히 만난 약한 고리의 연결이 많은 것을 변화시킨다는 것을 알게 되었다.

이것도 걷기의 힘 중에 하나가 아닐까 하는 생각이 들기 시작했다. 나머지 13개 구간도 걸어볼까? 걸을 수 있을까? 외지에서 손님이 오면 같이 걸을까? 그래 계속 걷는 거야~~!

모두 17회를 걸은 분도 만났고, 8회, 3~4회 걸은 분들은 많이 계시고, 그보다 3년 4년 5년에 걸쳐서 1회 완주한 분들, 시간 날 때마다 서울에서 부산에서 대구에서 전주에서 청주에서 오셔서 틈틈이 제주 올레를 걸으시는 분들……대단하다.

그들의 열정과 고민에 중간 찬사와 응원을 보낸다. 나도 그 멤버 중 한 사람이 될 것을 생각하니 마음이 흡족하고 미소가 절로 난다

말은 도道에 가깝다

저지~무릉의 올레 14-1코스.

비가 그친 오늘은 저지 마을에서 시작한다.
출발한 지 얼마 지나지 않아 저지 오름을 뒤로 하고, 깨 옥수수 상추 선인장 호박 조 감자 밭들이 이어지고, 중간 중간 감귤 나무가 보인다. 밭과 과수원이 골고루 잘 가꾸어진 마을 농장 분위기다.
이런 농장을 지나면 바로 곶자왈이 시작된다.
열대 북방한계 식물과 한 대 남방한계 식물이 공존한다고 하여 그것이 무슨 식물인지는 모르지만 숲은 무성할 것이고, 거기에 혹시 원숭이와 타잔이라도 나올지 모른다는 쓰잘데기 없는 기대를 해본다.
(그러나, 기대해도 좋다. 원숭이는 아니더라도 다른 매력이 분명 있을 것이다. 제주 올레는 그 길마다 같은 길이 하나도 없다. 내 결론.)

살살 더워지는가 싶더니, 솔솔 바람과 새소리가 들리고, 나비도 보인다. 이름 모를 잡초 위에 꽃들도 듬성듬성 보이고…….

곶자왈.
숲과 나무넝쿨로 이뤄진 곳. 밑은 돌.
제주의 생명수인 지하수를 함유하는 중요한 곳이며 다양한 생태계

를 보존하고 있는 곳이다.

제주에서도 이곳이 아마 가장 크고, 보존도 잘 되어 있단다.

제주 삼다수가 맛있는 이유도 아마 곶자왈 덕분인 듯싶다.

말.

말들이 노닌다.

여기서 저기로 사람 사이를 비집고 건너간다. 어느새 저 쪽 끝 선까지 간 듯싶더니 히~이이잉, 히히~이~이잉. 말 울음소리다.

갑자기 말 두 마리가 뛴다.

달린다.

달려온다.

리얼이다.

평지를 달려오더니, 이제는 언덕 쪽으로 달려오기 시작한다.

한 여성이 겁먹은 소리를 지른다. 리얼이다, 진짜다. 언덕을 올라 사

람이 걷는 뒤를 쫓아 달린다.

"피해, 피해!"

옆으로 누군가 소리친다. 우리는 길을 피했고, 말은 제 길인 양 아무 거리낌 없이 우리를 지나 달린다.

그곳은 사람의 길이라기보다는 말들의 길이었던 것이다.

그럴 리는 없겠지만, 사람이 피해주지 않는다면?

말이 설까? 사람을 들이받을까?

말들의 길을 걸어 올라가다 보니, 부드러운 오름 능선이 이어진다. 문도지 오름 정상이다.

그래 이 맛이야~~!

오름에서 내려다보는 곶자왈 군락지, 사방팔방 십육방 삼십이방 모두 곶자왈 펼침이 눈에 들어온다.

▲백서향

말.

평화로운 말들을 보다 그 중 한 마리가 눈에 들어오며, 야릇한 마음이 든다. 왜 그럴까? 이건 철저히 요즘 읽는 김정운 교수 책 탓이다. 그가 이 장면을 봤다면, 아마 마광수 교수로 빙의(憑依)되었을지도 모를 일이다. 말 거시기의 크기만큼은 놀랍다.

잠시 샛길로 다녀오자.

파마머리 김정운 씨의 책 한 권을 낄낄대며 읽었다. 그 속에서 Copy하여 사용할 문장 몇 개를 소개한다.

문장1. 진짜다.

문장2. 우리는 생각을 이야기하는 것이 아니라, 이야기하려고 생각한다.

말.

▲오설록

　말인지 막걸리인지 모를 말을 한다고 한다.
　같은 말이라고, 이 말과 저 말을 섞어가며 언어의 유희를 부리곤 한다. 그런데 진짜 말은 말이 없는 것 같다. 시야는 굉장히 좋다고 하는데, 관심은 거의 무관심이다.
　사람이 지나가든, 자기를 보든, 그는 눈길 한 번 주지 않는다.
　어떻게 저렇게 무심히 풀만 뜯고 있을 수 있을까?
　그런 점에서 말은 도에 가깝다.

　말.
　말들의 천국을 뒤로하고, 내려온다.
　지금부터는 곶자왈 지역으로 실감나게 들어가는 느낌이다. 오솔길로 아기자기한 형태로 올망졸망하게 길이 이어지며, 저 나무들이 무슨 나무인지는 모르겠으나, 녹나무 생달나무 참식나무 후박나무 육박나무 등 녹나무과의 상록 활엽수가 울창한 숲을 통과해 걸은 것이다.

백서향.

이른 봄, 이 지역을 지나면 그 진한 향기에 모두 취한단다. 축축하고 습한 지역, 그런데 나중엔 시원하다. 진짜다.

곶자왈에 감사하며, 청량한 기운으로 걷는데, 갑자기 시야가 확 열리며, 오설록이다.

아담한 오설록!

격하게 외로워서다

김녕~하도 올레 20코스.

오늘은 늦게 출발하고 늦게 돌아오자는 생각으로, 서귀포에서 동회선 일주로가 아닌 산으로 방향을 잡았다. 5.16도로, 그리고 1112번 국도로 주~욱 이어진다.

가는 길, 좋다. 그냥 좋다. 진짜다.

신호등이 없어서일 수도 있고, 번잡하지 않아서일 수도 있고, 무엇보다 건물이 없다. 그냥 다 초록이 한 시간 가까이 이어지는 길이다.

아~ 감탄으로 하루를 시작하니 기분이 좋아진다.

김녕에서 걷기 시작하자마자 사람들이 밥차 앞에서 밥을 먹는다. 가까이 가서 빼죽대는데도 누가 밥 먹으라는 말이 없다. ㅠㅠ.

해서 직접 들이댔다. 지나가는 사람인데 밥 좀 먹어도 되냐고?

모기 들어가는 목소리로 먹어도 된단다. 고맙게……

결국은 내가 강제로 먹은 것이 돼 버렸다. 크헐.

밥을 배식해서 먹으며 옆 테이블에 물어보니, MBC 탐라기행 참가자들이란다. 갈 곳도 머물 곳도 정처가 없는지라, 같이 들러붙어볼까 기웃거려 보지만 좀처럼 틈이 보이지 않는다.

해서 그냥 올레길로 GO GO!

걸으며 생각한다. 밥 달라는 소리를 내가 왜 했지?

좀처럼 남에게 먼저 말을 거는 적이 거의 없었는데…….

궁했나? 아니다. 나이 들면서 여성 호르몬이 많아졌나? 아마도.

외로워서 그랬나? 그렇다. 외로워서 그랬을 것이다.

미로 같은 마을 골목을 빠져오니, 아무래도 이상하다.

길을 잘못 들었다. 지질트레일 리본과 흡사해서 속은 거다.

다시 빽-도 ㅠ.

해안 쪽으로 무작정 내려가니, 반가운 아까 그 친구들이 도대불 앞에서 옹기종기 모여, 등대와 연대의 차이 등등을 듣고 있다.

(*도대불은 제주 특유의 돌로 만든 민간등대.)

인연인가 싶어 진짜 따라가려 했다. 그런데 이번에도 틈이 없다. 주제가 돌이란다.

오늘은 돌만 따라다니는 일정이란다. 혹시 저 뒤에 따라가다가 제주 MBC 방송 타는 것은 그렇게 포기했다.

바로 이어지는 세기알 해변!

아~눈이 열리고 가슴이 펴진다. 바다다. 여름이다. 파라솔이 즐비하고, 사람들이 노닐고 바다색은 동해 쪽 같은데도 산호 빛이다.

잠시 사람들을 보다보니, 엄마가 아기를 안고 바다 속에 넣을 듯 말 듯, 계속해서 말을 걸고, 온 몸으로 교감하는 장면이 들어온다.

며칠 전 읽은 파마머리 김정운 씨의 책 내용! 바로 그거다.

사람은 왜 사느냐? 삶의 목적은 무엇인가?
이런 질문에 대한 답! 김 교수는 '감탄하기 위해서'라고 말한다. 감탄이 없는 삶은 행복과 재미도 없다는 이야기다. 공감이 쉽다. (이미 많은 이가 읽었겠지만) 자세한 내용은 책으로 확인해 보기 바란다. 꼭!『나는 아내와의 결혼을 후회한다』책 제목과 내용은 완전 딴판이다.

세기알 해변 끝 무렵부터는 해변을……
(그런데 해변이 꼭 모래만 있는 게 아니다.)
여기는 돌길이라고 봐야 한다. 돌石 검은 돌을 걸어야 하니, 불편하기 짝이 없다. 바닷물이 빠졌을 때는 걸을 수 있도록 올레 길을 조성해 놓았다. 그러나 걷기는 다소 불편하지만, 그 불편함을 기꺼이 즐긴다.
여기를 언제 또 걸을까 싶은 마음, 물 빠진 지금이 적기 아니겠는가? 그리고 바닷가 바위를 보면 어김없이 생각나는 단어……술.
쇠주 생각이 난다. 산에서는 막걸리가, 바다에서는 소주가?

▲편의점 들러 맥주 1캔

왜 이럴까? 외로워서다.

이렇게 걷다보니 두럭산!

1년에 딱 한 번 음력 3월 보름달에 물 위로 완전히 떠오른다는 바위산. 실제 보지는 못했지만, 멋찐 상상을 해본다.

이어서 투물러스(용암언덕) 지나면, 연인들 천지인 월정투명카약!

남녀가 좋은 시간을 만끽하고 있다.

부럽다. 왜? 외로워서다.

해안선 풍광을 뒤로하니, 밭길이 이어진다.

나무 하나 없어 땡볕이 그대로 내리쪼인다. 짜증이 살짝 다가올 무렵, 아~새로운 발견!

여기는 밭에 돌이 없다. 거의 해변 모래 수준이다. 밭 하나만 그런 줄 알았는데, 계속 이어진다. 죄다.

▲뵈뵈라는 식당

마지막 세화까지 밭에 돌이 없다.

정답은 둘 중 하나 아니겠는가?

해안선 모래를 파서 여기에 뿌렸던지, 원래 토양이 몇 만 년 전 어쩌고 하면서 그랬던지?

내 결론은 두 번째다.

그런 쓸 데 없는 생각을 하며 마을로 돌아서니, 아~ 분위기 좋은 카페들이 보이기 시작한다.

구좌상회작업실-죄다 여자다.

너는 파라다이스 길리-죄다 여자다.

도대체 남자들은 어디 간 걸까?

바다 속으로 해녀가 돼서 고기 잡으러 갈 리도 없고?

하여튼 쓸 데 없는 생각을 하면, 곧 바로 나를 정신 차리게 해 준다.

아~ 해변이 들어온다. 여기가 월정리 해변이구나.

그냥 갈 수가 없다. 아까 쇠주 한 잔 생각나는 거 엄청 참았는데…… 편의점 들러 맥주 완캔. 맥주 한 잔 마시며, 노랑 파라솔의 느낌을 만끽하다 SNS에 손을 댄다.

왜? 외로워서였을 것이다.

제주에 와 보니, 삶의 기준들이 이미 많이 바뀌어 있는 것 같다.

말로만, 책으로만, 이성적으로만 알았던 느림, 막간, 정서, 공감, 감탄! 제주엔 가득하다.

카페 제목만 봐도 느낄 수 있다.

그초록, 주네가네, 슬슬슬로우 등.

일상적 보편적인 것은 없다. 다 튄다. 다 특이하고 다 멋찌다.

너무 천천히 너무 많은 생각을 해서인지, 배가 고파 이른 저녁을 먹었다. '뵈뵈'라는 식당에서, 쇠고기치즈그라탕 13,000. 뵈뵈……그 이름 참 특이하다.

반찬이 내가 좋아하는 것만 나왔다.

중년인 내가 먹어도 맛있다.

(광고하는 것으로 오해는 말자. 오늘 내 느낌을 적다보니 그런 것뿐이다.)

잘 정돈된 골목, 잘 정돈된 마을 길이 이어지며 좀 지루할 무렵 하늘을 본다. 시퍼런 하늘이 최고다.

진짜다(파마머리 흉내 내기). 하늘을 보고 잠시 쉬었다가 길을 걸으니, 다시 길이 들어온다.

벵뒤길.

▲세화의 일몰

길이 재미있게 구성되어 있다. 해는 뉘엿뉘엿 지고, 나의 발걸음은 여유 만땅이다.
서두를 것이 없다.
가다 서다를 반복한다.

오는 길……대구에서 명퇴하고 내려와 막 집을 짓고 앞마당 돌담을 정리하고 계신 젊은 분! 제주에서 할 일은 많단다.
제주의 새 삶을 응원한다. 부럽다. ㅎ
나는 또 왜 10여 분 간이나 이야기를 나눴을까? 부러워서…….
아니다. 외로워서일 게다.

세화다.
아~세화.

아~일몰.

올레 길에서 처음 맞이하는 일몰.
세화에서 맞는 일몰!
세화는 내게 특별한 곳이기도 하다. 얼마 전 벨롱장에서 찍은 사진 한 장이 지금 내 프로필 사진이다.
일몰을 뒤로하니, 저녁 8시였다. 7시간 40분간 노닐다, 돌아오는 길에 나를 맞이한 것은, 여치의 울음소리였다.

오늘은 감탄과 외로움이 교차하는 길이었다고나 할까?
캬~ 쥑인다!

섶섬 보이는 작은 언덕에 살고 싶어라

쇠소깍~샤귀포의 올레 6코스.

처음 효돈천 따라 편안한 길을 걸으면, 쇠소깍!
인터넷에서 쇠소깍이 뜬다기에 기대를 했건만, 역시 기대는 금물이다. 장강을 형성하고 있다고 하나 아담하고, 푸른 물과 바위石만 인상적이다. 아마도 사람이 적고, *테우를 띄우지 않아 제대로 된 휴가지 풍경이 아니어서 그럴 것이다.

이어지는 게우지코지와 생이돌……운치로 치자면 이곳이 오히려 시원하다. 이 해변부터는 모자를 벗고 바람을 맞이할 일이다. 외길 따라 콧바람 불며 걸으면 되는 길이다.

그렇게 콧바람의 구간이 지나 나타나는 것은 제법 높은 제지기 오름. 표고 94.8m 불과한 곳이지만 나름 가파르고 숨을 헐떡이게 한다.
그러면서 반전은 있다. 아늑한 동네가 한 눈에 예쁘게 다가온다. 예쁘다. 마을이 참 예뻐! 바람이 너무 좋아, 여기서 한참을 머물렀다.
이어지는 보목포구 마을, 자리 물회 명소인 듯 〈자리 물회〉라는 제목의 시가 걸려 있다.

▲쇠소깍

    자리 물회가 먹고 싶다

    그 못나고 촌스러운 음식

    정겨운 고향말로

    자리 물회나 ᄒᆞ레 감주

    아지망!

<보목리(甫木里) 사람들>이란 시도 보인다. 여기 출신 한기팔 시인의 시다.

    세상에 태어나

    한 번 사는 맛나게 사는 거 있지

    이 나라의 남끝동

    甫木理 사람들은

▲제지기 오름

그걸 안다

　보목리 사람들처럼 이곳에서 살고 싶어진다. 아주 예쁜 동네가 계속 이어진다. 아기자기 올망졸망 예쁜 동네다.

　섶섬지기에서 보는 전망.
　제지리 오름 지귀도 섶섬 문섬 범섬까지⋯⋯굿이다. Excellent! 나도 보목마을 사람이 되어 시인이 되고 싶다.
　섶섬 가까이 바라보며 쇠주 한 잔 하면 그게 약주가 아니겠는가?
　이 마을이 이렇게 다가오는 것은 아마도 섶섬이 눈앞에 바로 있기 때문일 것이다.
　문섬, 범섬만 해도 저 멀리 보이지만, 이곳 섶섬은 손을 뻗으면 만져질 것 같고, 걸어가도 금방 갈 듯 한 가까움이 있다.

▲ 백두산 천지 축소 소천지

이 마을에 터를 잡고, 남은 50년을 살아도 좋으리라~!
이어지는 소천지길.
습하고 음침한 길이지만, 이게 제 맛이다. 비바람 부는 날이면 한 번 다시 오리다.
해안선 밑으로 내려가 더욱 가까이 숲섬을 바라보다 돌 하나 들고 볼펜으로 元이라고 쓰고, 조그마한 바위에 올려놓았다.
이 돌이 나중에 왔을 때, 그 자리에 있다면, 내 운명이 바뀔지도 모를 일이다. ㅋ

파도소리를 귀에 걸고, 시끄러운 새소리 쫓으며 이 음침한 길을 걷는 기분은 이상하리만치 기분이 좋아진다. 그리고 낚시꾼들이, 마치 제 자리가 최고 명당인 모습으로 자리 잡은 광경은 덤이다.
그래 낚시……꼭 배워야 하는 낭만 중 하나 아니겠는가?

▲ 소천지길에서 볼펜으로

섬섬 문섬 아이고 이뻐라.

소천지를 벗어나면 바로 국궁장이 나온다. 활을 쏴서 바다를 건너 과녁에 맞히도록 되어 있어 그 운치가 더하다.

오늘 걷기의 결론.

섬섬 보이는 작은 언덕에 기거하면서, 낚시를 즐기며 시를 쓰고 소천지에서 천하를 논하고, 가끔 활을 쏘며, 호연지기를 탐한다면 남은 50년의 세월이 천하의 내 것이겠도다.

크헐, 술도 없는데 취한다.

칼 호텔 돌아 파라다이스 호텔 담장 끼고 내려오면, 소정방폭포다. 규모는 아담하지만, 나름 운치 있고 무엇보다 시원해서 좋다.

이곳에서 손에 물도 묻히고, 중간 스탬프도 찍고, 동행자를 만났다. 서울에서 해남 끝까지 걷고, 제주 올레 길을 또 걷는 이 분! 검게 그을린 그 인상이 참 좋다. 같이 시내로 접어들고, 이중섭 거리 거쳐, 올레 여행자센터에서 마무리.

뭔가 아쉽다.
두 남자 삼겹살에 쇠주 석 잔 하고, 술님에 취하여, 헤어졌다.

그런데 이 남자.
나중에 연락이 왔다.
올레길 다 걷고 한라산 정상 갔다 오고 오름 몇 개 추가하고, 부산에 왔단다. 여기서 다시 서울로 걸어 올라간단다.
못 말려 정말~!

걷는 사람들

표선~남원의 올레 4코스를 걷는 사람들.

태초에 탐라에는 세상에서 가장 키가 크고 힘이 센 설문대할망이 살고 있었다. 어느 날 누워서 자던 할머니가 벌떡 일어나 앉아 방귀를 뀌었더니 천지가 창조되기 시작했다. 불꽃 섬은 굉음을 내며 요동을 치고, 불기둥이 하늘로 솟아올랐다. 할머니는 바닷물과 흙을 삽으로 퍼서 불을 끄고 치마폭에 흙을 담아 날라 부지런히 한라산을 만들었다. 한 치마폭의 흙으로 한라산을 이루고 치맛자락 터진 구멍으로 흘러내린 흙들이 모여서 오름들이 생겼다. 또 할망이 싸는 오줌발에 성산포 땅이 뜯겨 나가 소섬이 되었다고 한다.
[네이버 지식백과] 설문대할망 (한국민속문학사전(설화 편), 국립민속박물관)

바다 속의 흙을 삽으로 떠서 제주도를 만들었다는 키가 크고 힘이 센 제주 여성 신에 관한 설화는 위와 같이 시작한다.
올레 4코스는 당케=당집(신당), 포구를 만나며 시작하는데, 여기에 설문대할망의 전설이 전해진다기에 인터넷을 뒤졌다.

이제 해변을 따라 걸어보자.
시원한 바다가 시원한 파도와 함께 우리를 맞이하고 제주에서 가장

▲파도바다 앞에서 도 닦는 사람

흔하다는 구럼비 나무 지나 해녀식당들이 하나 둘 셋 이어진다. 세 번째 해녀식당 옆 정자에서 올레꾼이 싸온 오메기떡과 오이 뚝딱 먹고 트멍낭길이라는 아주 좁은 길로 접어든다.
    대나무 숲길도 지나고, 제법 운치 있게 걷다보니, 점심시간.
    00꽃돼지 식당에서 점심을 먹고, 바닷가 습지라는 갯늪, 그리고 용천수에 발을 담그고 파도를 마주한다.
    어이 시원해라, 피로야 가라~!

    이제부터는 망 오름 향해서 다시 군장 매고 출발~! 3킬로 정도 지루하다고는 하지만 삼나무가 많아 그런 대로 운치 있다.
    망 오름 정상은 다른 오름처럼 시야는 열리지 않으나, 오르고 내리는 길이 편안하고, 내려오면서 거슨새미까지의 길은 삼나무 구불구불 타고 내려오는 숲길로 부담 없고 재미있다. 거슨새미는 물이 아래로 흐

▲용천수에 발 담그고

르지 않고 위로 흐른다고 해서 붙여진 이름이란다.

 이후부터는 바다를 행해 주~욱 내려가는 길. 문주란 접시꽃 수국을 듬성듬성 보면서 귤 밭을 걷다보니 앞 일행이 횡재했다. 귤 밭 할멍께서 올레꾼들에게 한 바구니 귤을 주신다. 아유, 감사해라^^.
 한참 중산간을 돌고 돌아 나오니 다시 태흥 해안도로다. 표선 해안에서 시작해 돌고 돌아 태흥으로 건너온 것이다.
 이제 슬슬 지칠 무렵, 그런데 이 4코스는 여기서부터 진짜다. 계속 해안선 따라 남원 포구까지 이어지는 코스다. 얼추 심리적 거리는 10킬로 된다. ㅎ뻥이다. 길다는 의미다.

 걷는다.
 걷는다는 것은 무엇인가?

▲샤인빌리조트 뷰가 좋은 곳

터벅터벅 혼자 그리고 둘이서 걷는다. 흰 구름 사이로 하늘은 쾌청하고, 구름 그늘로 걷기는 최고다.

거기에 바람의 해변이랄까? 모자를 벗고 바람에 피부를 태운다는 생각으로 마음을 오픈하고 걷는다.

그리고 질문한다.

첫째, 걷는 사람은 착하다고 하는데, 사실일까?

달리기하는 사람들은 풀코스 완주를 경험한 자와 그렇지 않은 자로 구분한다. 달리기의 효용도 건강과 열정에 좋다고 하지, 착하다고는 하지 않는다.

서울대 나온 사람들은 서울대 나온 자와 그렇지 않은 자로 구분한다. 서울대 나온 사람들보고 머리는 좋은데 하지, 착하다고는 하지 않는다.

▲그리움의 깊이

　니체를 좋아하는 사람들은 역사를 니체 이전과 이후로 나눈다. 그러나 그런 사람들보고 착하다고는 하지 않는다.
　골프든 테니스든 그것을 즐기는 사람들 보고 착하다고는 하지 않는다. 그런데, 걷는 사람은 착하다고 이야기한다.
　처음 걸을 때는 남 탓을 하다가 조금 지나면 내 탓을 하고, 그렇게 나를 내려놓은 순간 자연이 들어오고, 기쁨으로 연결된다는 걷기!
　그렇다면 맞는 말이다. 착해질 수밖에 없을 것이다.

　둘째, 대화의 양(量)은 나이에 비례하는가?
　실제 오늘 70세 가까운 분부터 30대 초까지 십여 명이 같이 동행했는데, 서울 경기 충청 경북 경남 전라 강원까지 모두 다 모였는데, 오늘 대화의 양만 본다면, 나이와 거의 비례하는 것 같다.
　질문하고 자기 이야기만 하는 사람

질문도 안 하고 자기 이야기만 하는 사람

계속 맞장구치면서 비틀어서 이야기 하는 사람

계속 들이대며 말을 거는 사람

질문에 대답만 하는 사람

성실히 질문에 대답만 하는 사람

맞장구치는 사람

맞장구만 치는 사람

거의 말이 없는 사람……

어쨌든 어떤 유형이든 간에 나이 드신 분들은 왜 대화가 많을까? 일종의 리더 같은 책임감 때문일까? 나이 들면서 여성 호르몬이 많이 나와서일까? 외로워서일까?

아니다.

내 결론은 '그리움의 깊이' 때문이다.

<그리움의 깊이>라는 시가 생각난다.

어쨌든 오늘, 용천수에 발 담그고, 오메기떡 나눠먹고, 귤 할멍한테 선물 받고, 누군가 껌도 주시고, 미숫가루도 나눠먹고, 오이 쪼개 먹고, 착한 사람들과 착한 걷기를 했다.

거의 다 와서 만나는 남원 포구 앞바다.

*벨내기 친구한테 물어봤다. 이 장면을 표현해 보라고?

그의 답은 '캄캄하다', '힘들다'였다.

이 4코스는 힘든 길이라는 표현이리라(약 24길로).

▲소정방폭포

그래서 다시, 앞에 펼쳐진 장면을 공동으로 만들었다.
해무도 아닌 것이
물방울도 아닌 것이
희뿌연 안개도 아닌 것이
그런 것이 햇빛에 비추어 우리 눈을 눈부시게 한다.
아~~~조오타!

기다림

광령~제주 원도심의 올레 17코스.

오늘은 5일인데 17코스를 계획했다.
서울에서 제주로 손님이 오후 5시에 온다기에, 제주공항에서 픽업하기 좋은 코스인 17코스를 택했다.
나는 그 시간까지, 9시 30분부터 5시까지 기다리는 것이다.
기다림. 이렇게 긴 시간을 기다리는 게 이 얼마만인가?

광령1리에서 시작하여 무수천으로 그냥 내려가기만 하면 된다.
무수천!
물이 없는 천(川)이란 뜻이다.
물이 없어서일까, 생각도 없다.
그냥 아무 생각 없이 걷는다.
한동안 무난한 길을 걷다 보면, 왠지 풍광이 그럴싸한 곳이 나타나는데, 이곳이 월대다.
주변엔 300년 500년 된 노송들이 즐비하고, 물빛에 비치는 달빛이 장관이었다는 곳. 왜 나는 이런 곳이 좋을까?
아마도, 아마도 나에겐 사대부의 한량 끼가 있는 것은 아닐까?
달에 취하고자 밤새 기다릴 수도 없고, 거 참 어이없다.

아쉬움을 뒤로하니, 바로 무수천과 바다가 합류하는 해안이다. 알 작지 길과 외도 물길 20리가 이어지고 드디어 이호테우 해변에 도착한다. 이곳에서는 1만 5천 원짜리 해물라면 꼭 한 번 먹고 가자.

드디어 나는 삼이 들어간 1만 5천 원짜리 라면 먹어본 사람과 안 먹어본 사람 중에서 먹어본 사람으로 등극했다. 라면 한 그릇 뚝딱하고 돌아보니, 한라에서 구름이 용이 되어 승천하고 있구나.

이어지는 이호테우 해변의 텐트촌을 뚫고, 모두 추억愛거리에서 굴렁쇠 굴리고, 공기놀이 하고, 줄넘기 하고, 팽이 치고, 딱지 치고, 말 타기 한 번 하고 나니, 석모리 모두봉 입구다. 5분 만에 정상에 오른다.

날씨 탓인지, 바다 끝은 안 보이고, 한라산도 안 보이고, 그럼에도 뚜렷한 비행장과 제주시의 전경이 눈앞에 펼쳐진다.

어영공원 이후 해변 걷기는 기다림의 연속이다.

▲해물라면

기다림.

기다린다는 것은 무엇인가?

기다림은 지루함과 필요함의 합성어인데……지금 이 시대는 기다리지 않아야 되는 세상이 되었다. 기다릴 수 없는 세상이 되었다.

시간의 협박사회가 되었다.

우리는 이런 것을 스스로 편리한 세상이라 정의한다. 알게 모르게 우리는 이미 이 편리한 세상에 종속된 것이다.

지루함은 나쁜 것이므로 우리는 이를 거절하게 되었다. 기다릴 필요가 없다고 정의해 버렸다.

그렇다면, 그렇다면 진짜 필요함은 어디로 간 것일까?

필요한 그 무엇이 있다면, 기다려야 함이 마땅하지 않겠는가?

기다림을 지탱한다는 것은 무엇일까?

희망?

▲용머리

기다림.

기다림 없는 세상에서 기다림을 하게 되었다. 기다림이 습관화되면, 안락함으로 전이된다는 것을 알면서도 기다린다.

희망의 새싹을 포기하지 않는다.

기다린다.

기다려야 한다.

오늘의 기다림은 23년 전 선배를 다시 제주공항에서 만나는 기다림이다. 인연은 그렇게 기다림의 연속이다.

그렇게 횡설수설하다 보니, 용머리다.

용머리.

30년 전 그때와 비교하니, 너 왜 그렇게 작아졌니?

마치 초등학교 다시 찾은 그 느낌이다. 왜 이렇게 작아졌을까?

기다려 주지 않고, 달리기만 해서인가?

마지막 제주시 골목길 돌고 돌아……목적지인 간세다.

간세.

처음 방문하는 간세에서 차 한 잔 시키고, 휴식을 취하며, 나는 기다린다.

기다린다.

선물

무릉~용수의 올레 12코스.
첫 출발하자마자 한 하루방께서 쪽지 한 장 나눠준다.
알아두면 재미있는 제주 사투리! 고맙수다 예~.

제주 자연생태문화체육 체험골에서 시작하는 이 코스는 평원을 편안하게 내려가며, 제주 사투리를 배우는 자리다.
안녕하세요 안녕하우꽈? 수고하셨습니다 속앗수다부터 아들 아덜, 딸 똘, 고양이 고냉이, 거실 삼방 등까지……그렇게 제주 언어를 배우다 나타나는 첫 봉우리는 녹남봉이다.
날씨는 흐리나 땀은 비 오듯, 토시 밑부터 차오르더니 온몸으로 퍼진다. 나그네 둘이 정자에 앉아 쉬는데 카똑 소리와 함께 선물이 도착한다. 노래 선물이다.
Hotel California . 젊은 시절 유행했던 Eagles의 곡. 띠 띠 띠, 띠리 띠 띠……힘을 얻는다. 곧 이어지는 곳은 산경도예, 옛 학교 터를 도예 터로 개장한 듯했다.

신도포구 돌아 나타나는 곳은 두 번째 봉우리 수월봉이다. 수월이가 어머니 병을 고치기 위해 오갈피 캐다가 그만 절벽 아래로 떨어지고 오빠인 녹고가 슬피 울어, 그 눈물이 바위틈으로 들어가 약수 녹고물이 되었단다.

정상의 수월봉에선 차귀도가 시원하게 펼쳐진다. 캬~~.

여기가 제주도의 서쪽 끝이구나. 캬~~.

정상 정자 아래에서 달랑 오이 하나에 의지하며 다시 한 번 띠 띠 띠, 띠리 띠 띠……선물을 틀어본다.

이 차귀도 전경 보러 여기 왔구나 싶다. 앞으로는 차귀도 전경이, 뒤로는 넓은 서쪽 밭이 활짝 펼쳐져 있다.

수월봉을 내려오면 하산 쇄설암이라는 퇴적물 무늬와 결이 예사롭지 않다. 녹고가 흘린 눈물이 뚝뚝 떨어지고, 길은 호젓하게 이어진다. 늦은 점심을 지구 내 포구에서 매운탕으로 해결하니 살살 꽤가 나서, 쉽게 가는 해안 길을 모색해 보지만, 길이 없단다.

결국 오늘 세 번째 봉우리 당산봉을 오른다.

당산봉.

뱀을 신으로 모시는 신당이 있었고, 이 신을 사귀라 하였는데, 그 후 사귀란 말이 와전되어 차귀가 되어 차귀 오름으로 불렀다고 한다.

뱀을 신으로 모셨다기에 뱀이 나올까, 음산하지 않을까 걱정했으나 전혀 그렇지 않다.

오름에 오르면 갑자기 탄성이 터져 나오며, 절벽 아래 차귀도와 바다가 펼쳐진다. 여기에 우리는 벌러덩 누웠다. 입을 헤~ 벌리고…….

불어오는 바람을 온 몸으로 맞이했다. 그리고 세 번째 선물 띠 띠 띠,

▲도예터

띠리 띠 띠……선물이란 참 좋은 것이다.

　선물.

　받는 것일까, 주는 것일까.

　받으면 좋고, 주면 더 좋고 꽁짜면 더 좋고, 사람의 기분을 웃고 울리고 한다. 받는 데 익숙한 나로서는 주는 것이 참 어색하다. 늘 받아 오기만 했던 것 같다.

　오늘도 어제도 제주도에서조차 받는다.

　선배가 찾아와서 뭔가를 줄려고 하고, 친구들이 찾아 올 것이고, 후배가 온다 하고, 노래 선물까지 받는다.

　나는 계속 받는다.

　이 소중한 선물을.

　이 소중한 제주를.

　이 소중한 세상을.

▲ 당산봉

고맙수다로 시작한 12코스는 3개의 봉오리를 선물의 힘으로 넘어서고, 결국 이제는 내가 선물을 해야 함을 깨닫는다. 그리고 [선물=Present=현재] 임을 발견한다.

현재에 마음을 두는 것이 최고의 선물임을 발견한다. 마음을 현재에 두는 것이 최고의 선물임을 발견한다.

생각한 것을 쓰는 것이 일반적인데, 쓰기 위해 생각하면 어떨까? 쓰기 위해 걸으면 어떨까? 쓰기 위해 생각하는 사람! 쓰기 위해 걷는 사람! 사람의 생각은 그 사람이 살아온 삶의 결론이며, 그 사람의 생각은 글로 표현되기 때문이다

힘들 때는 벌러덩 눕자. 그리고 입을 벌리고 하늘을 마주하자. 그러면, 피로가 가시며, 새로운 길을 걷는 사람처럼 가뿐해진다.

▲ 당산봉

　해안 절벽과 산호 빛 바다를 바라보며 걷는 이 흐뭇한 길은 그냥 차귀도 길이라 칭해도 될 듯하다.
　수월봉에서 차귀도를 보고, 계속 보고, 당산봉에 올라 다시 보고, 용수포구에서 차귀도를 마무리하는 차귀도 길…….
　언젠가 저 안에 들어가 낚시 한 번 드리울 일이다.

제3장 감탄

감탄의 길, 자연과 사람에 취하다

위대함

제주 거문 오름.

울창한 수림이 검은 색을 띠고 있어, 음산한 기운이 감도는 '신령스러운 공간'이라는 뜻을 갖고 있는 거문 오름!
대한민국 유일의 세계자연유산으로 등재된 지 어언 10년이 되었다. 7월 1일부터 10일까지 무료로 개방된다기에, 이때다 싶었다. 서울 선배님 한 분과 군장을 차렸다.
국제트래킹대회를 한다기에 사람들이 북적댈 것을 예상했지만, 비 예보 탓인지, 한가했다. 안내소에서 명찰 하나 받아들고, 서서히 오름으로 진입한다. 잘 정비된 오름이 음산하면서도 쾌적하다. 잠시 지나 데크를 따라 오르니 곧 정상이다.
오름에서 오름들을 감상한다. 전망대에서 펼쳐지는 분화구와 오름 군락은 탄성, 그 이전에 뭔가가 있는 듯한데, 그것이 무엇인지 모르겠다. 이것도 흐린 날 탓이겠거니 했다. 그때는 그랬다.

그러나 다시 안내 책자를 보니……이곳은 용과 봉황의 기운이 스며 있는 상징의 오름이며, 한라산에서 이어진 출렁이는 내룡을 따라 흘러온 영기가 맺힌 곳이었던 것이다. 마치 구름 속에서 구룡이 여의주를 희롱하듯 전후좌우로 봉우리가 기복을 이루며, 능선을 에워싸니 문득

서 있는 곳이 속세와는 차단되어 고상한 은자가 깃들어 살 듯싶은 분위기다. 그 가운데로 여의주 격인 알 오름이 봉긋하게 속아 있다
-2017세계자연유산 제주 거문 오름 중에서.

지금 서 있는 곳은 그 중 제1룡 흑룡 상천봉이다.
정상에서 내려와서 이어지는 용암 길, 곶자왈의 음습한 분위기가 덮쳐온다. 제주는 아무리 봐도 여자 도이고 여자 산이고 여자 숲인 듯싶다. 산 높이도 그렇고 오름 모양도 숫산이 없어 그렇고 심지어 숲까지 음습한 것이 그렇다. 그리고 바다도 해녀가 이미 장악하지 않았던가? 빗길이라 약간의 미끄러움만 불편할 뿐, 모든 것이 좋구나.

드디어 뱅뒤굴 입구, 시원한 냉(㕛)바람이 굴 안에서 밖으로 흐른다. 여기서 잠시 휴식하며, 여유를 부리고, 다시 나선 길은 일명 모세의 길이다. 1년에 한 번 길을 연다는 곳, 그 중에서도 우리는 이번에 처음 길을 열었다는 코스로 걸었다.

삼나무의 색깔에 반했다.
마치 물감을 칠해 놓은 듯, 녹색 녹차 색 같은 푸르름이, 언뜻 햇살을 만나면서 몽롱한 신비의 숲길로 만들어준다. 이곳을 거느리니, 내가 도인이 되어 한 걸음 한 걸음 나아가는 기분이다.
내가 조화를 부려 나무를 이렇게 물들인 듯 착각하게 한다. 그렇게 흐린내생태공원까지 약 2시간 30분 걸렸다.

위대함.

위대하다.

위대함 아니겠는가.

세계유산문화유산 등재도 위대하고 실제 우리가 이런 자연을 갖고 있는 것도 위대하고……그렇다면 이 위대한 유산을 어떻게 해야 하겠는가? 인류의 보편적 가치로 영원히 후손들까지 연결되어야 하지 않겠는가? 그리고 위대함 앞에서 우리 자신도 위대함으로 다시 태어나야 하지 않겠는가?

편안함

편안함.
제주 용눈이 오름.

남북으로 비스듬히 누운 이 오름은 부챗살 모양으로, 여러 가닥의 등성이가 흘러내려 기이한 경관을 빚어내며, 오름 대부분이 연초록 양탄자를 깔아 놓은 것 같은 풀밭으로 이루어져 있다.

용이 누워 있는 건지
헤라가 누워 있는 건지
김홍도의 여인이 누워 있는 건지
왕이 잠들어 있는 건지
클레오파트라가 잠들어 있는 건지
하여튼
八字 편하게 누워 있다
'참 대범도 하지.'

푸른 초원만 가득하여 편안함을 준다.

거기서 사람 무시하고, 풀만 뜯고 있는 너희들이야말로 전생에 나라

▲용눈이오름

를 구했을 것이다.

   용이 누웠다. 아무리 봐도 내 눈에는 용처럼은 안 보였는데, 그건 순전히 내 상상력과 창의력의 부족이라고 치고…….
   어쨌든 편안하게 너무 편안하게, 진짜 편안하게 다가온다.
   보통 용들은 구름 위를 날거나 임금님 주변에 있거나 했던 것 같은데 오늘은 푸른 풀을 입고 편안하게 잠들고 있었다.

   편안함.
   편안함이다.
   편안함이란 서 있을 때보다 누워 있을 때 어울리는 단어다.
   모서리보다는 둥근 선이 더 편안하다.
   세로선보다도 가로선이 더 편안하다.

우리는 인상 쓰지 말라고 이야기한다. 인상을 쓰면 미간에 주름이 세로로 잡히기 때문이다. 인상이 고약해지는 것이다. 그런 인상은 성격파 배우에게나 허락한 주름이다. 우리에겐 '아니올씨다'다

반면 이마의 가로줄 주름은 세월의 주름이고 덕의 주름이기도 하다. 고통스런 땀을 극복하고 환하게 웃어줄 때 생기는 주름이다. 너그럽게 용서하는 주름이다. 편하게 누워 있는 주름이다.

편한 삶이 최고다.

등 따뜻하고 배부르면 부러울 것이 없다는데, 용눈이 오름을 보고 있으면, 시야가 편안하고 마음이 편안하다.

제주 동쪽을 여행하다가, 비가 오는 날이면 쓰레빠 끌고, 빨강 우산 하나 메고 편안하게 찾으면 좋을 일이다. 올레 코스 걷다가 하루쯤 쉬어가고 싶다면 아무 생각 없이 편안하게 찾으면 좋을 일이다.

여인네가 어떻게 잠들어 있는지 궁금하다면 이곳에 와서 상상하고 시를 적어 내려가도 좋을 것이다. 둘이 서로 못 헤어지고 오래도록 함께 하고 싶다면 두 손 꼬옥 잡고 용눈이 오름을 오를 일이다.

노는 방법 1

제주 붉은 오름, 이승이 오름.

하루는 찰밥 도시락과 함께 야외 붉은 오름 숲에서 아침식사를 한다. 상상하겠는가?
다음날은 호박잎을 찌고 보리밥에 된장찌개를 끊여 이승이 오름 쉼터에서 식사를 한다.

이승이 오름 가는 길. 목장 한라산 구름.

숲을 느리게, 느리게 걸으며 독일 철학자 발터 벤야민(처음으로 걷기를 문화적 행위로 규정한 사람)의 시선을 따라가며, 남자의 물건에 손을 댄다.
상상하겠는가?

*이어령의 책상에 손을 댔다가
차범근의 계란받침대에 손을 댔다가
김정운의 만년필까지 손을 봤다
마침내
우리의 두 다리, 우리의 가족신문,
우리의 정원으로 각자의 물건을 정리한다.

▲이승이오름쉼터 식사

마침 앉아 있는 의자에 3명의 노는 사람들이 하는 일이라는 게
첫째, 피아노 배경 음악을 깐다.
둘째, [숲 / 정희성]을 꺼내든다
셋째, 이걸 각자 한 명 한 명 낭독한다.

상상하겠는가?

아~, 감동의 도가니……스스로 박수가 저절로 나온다.
아~ 캬~ 우와~.

그리고
일어나서 힙 음악을 틀고, 흐느적거리며 걷는다.
취하는 법이 이런 방법도 있구나~~~.

▲이승이 오름 가는 길의 목장과 한라산 구름

놀 줄 아는 님의 선물이었단다.
놀러 올 때, 먹는 것만 챙겨오지 않고, 시를 챙겨오다니~~
그의 기획력이 놀랍다

(후회의 길도 있었다. 이순원의 부모에 대한 애틋한 사연)

마지막 길은
조영남의 모란동백을 들으며 마지막 길을 위로한다.
조영남이 그랬단다. 자기 죽으면 이 노래 틀어달라고.

숲에서 아침을 먹고, 숲을 거닐다가, 시를 읊고
생의 후회와 마지막에 대해 이야기를 나누었다.

나오는 길.

[창직]했다. 정말 대박이다.

일행 중 한 분이 직업을 하나 자생적으로 만들었다.

시대가 창업에서 창직으로 발전하고 있다.

[창직]이란 무엇인가?

스스로 직업을 만들고, 거기에 자기가 자기를 정의하는 것이다. 스스로 교장이든 총장이든 제독이든 선생이든 CEO든 원장이든 짱이든, 하면 된다. 선택받는 삶을 버리고, 내가 선택하면서 살겠다는 본인만의 자유의지 자유 시간 실천의 발로다.

우리는 창업을 할 때, 돈과 좋아하는 것 사이의 불균형 때문에 고민한다. 좋아하는 것을 창업하고 싶지만, 돈이 많이 들거나, 돈이 덜 벌릴 것 같기 때문에 주춤거리고………. 결국은 닭집이나 편의점이나 작은 커피숍을 창업하면서 이게 내가 하고 싶었던 것이야 하고 자위한다.

정말 그럴까?

그것이 자신이 좋아하는 것이었을까?

그러나 돈과 좋아하는 것! 이 두 가지 말고 고려해야 할 것이 한 가지 더 있다. 그것은 바로 '가치와 보람 있는 일'이어야 한다는 것이다. 가치와 보람이 있는 일을 찾고, 돈과 좋아하는 것을 고려하면서 창업이든 창직이든 해야 한다.

그래야 오래갈 수 있다.

그래야 성공할 수 있다.

그래야 삶을 즐길 수 있다.
그래야 고수의 반열에 오를 수 있을 것이다.
그래야 감탄을 넘어 취한 삶을 살 수 있을 것이다.
그래야 설렘으로 경험되는 행복을 만끽할 수 있을 것이다.

시선이 곧 마음이다.

노는 방법2

제주 김녕 해수욕장.

시작 1, 2, 3, 4.
만남 1, 2, 3, 4.
혼자 1, 2, 3, 4.
걷기 즐기기 바다 하늘 다음 그 다음
다음 예술 미술 건축 그리고 음악
김녕의 밤 거기에 취하다, 취하다
우리는 이것을 저작거리 예술이라 말하여
흥이라 이름붙이고 취했다라고 표현한다.

좋다.
최고다.
나뿐이 아니다.
후배들이 좋다.
사람들이 좋다.

모두가 좋은 세상.
좋은 세상.

▲낭만이 흐르는 그날 저녁 김녕에서

그런 세상에서 살자.
취한 말은 길어지는데
취해 쓰는 것은 짧아진다.
이게 답이다.

우리는 이를 포괄적으로 '낭만'이라 부른다.

낭만이 흐르는 그날 저녁 김녕에서……

월든

월든
제주 사려니 숲길.

제주 조천 교래 비자림로에서 물찬 오름을 거쳐, 서귀포 남원 한려 사려니 오름까지 약 15킬로의 숲길. 치유의 숲=사려니 숲.

아득한 옛날 제주 들녘을 호령하던 테우들과 사농바치들이 숲길을 걸었습니다. 그 길을 화전민들과 숯을 굽는 사람, 그리고 표고버섯을 따는 사람들이 걸었습니다.

한라산 맑은 물도 걸었고 노루 오소리도 걸었고 휘파람새도 걸었습니다. 그 길을 아이들도 걸어가고 어른들도 걸어갑니다. 졸참나무 서어나무도 함께 걸어갑니다. -현원학

오늘은 비와 바람도 함께 동무하여 걸어갑니다. 산수국도 걸어갑니다. 처음부터 끝까지 동행합니다. 산수국은 흰색과 하늘색을 하기도 하고, 청자색을 하기도 하며 걸어갑니다.
삼나무들이 무리지어 걸어가는 이 모든 것을 묵묵히 지켜봅니다.

우리는 이 길을 사려니 숲길이라 부르며 걸어갑니다.

▲월든 삼거리 숲

오늘 시작은 사려니 숲길 주차장에서 했다. 어휴 40분간 더 가야, 숲길 안내소 출입구가 나온다. 그리고 새왓내 숲길 지나 천미천 지나 물찬 오름 입구 지나, 월든 삼거리 숲.

*월든 삼거리

월든.
월든이다.
월든=대자연에 대한 예찬=불멸의 고전. 자기 자신의 참다운 인생의 길을 갖고자 하는 독립선언문과 같은 책.

비오는 날이 아니라면, 사려니 숲에서 소로우의 『월든』을 읽을 일이다. 바람에 담긴 소리를 들어야 할 일이다. 나무에 얽힌 이야기를 찾아야 할 일이다.

　숲에서 노니는 새싹들과 친구를 맺어야 할 일이다.

　오늘처럼 비오는 날이라면 바람과 비가 친구가 된 사연에 감탄할 일이다. 산수국과 삼나무가 친구가 된 역사에 대해 감탄할 일이다.

　너와 내가 걷고 있는 것에 대해 감탄할 일이다.

　오늘의 종착지인 붉은오름 사려니 숲길 입구가 다가오니, 삼나무들이 우리를 맞이한다. 벌써 80년째…….

추억

제주 비자림.

813년 전, 그러니까 고려 신종 7년 갑자년 무렵, 서양에선 십자군의 콘스탄티노플이 함락되던 무렵, 제주에선 비자림이 시작되었다.

그리고 지금은 2,878명의 자손을 거느리게 되었다. 그 중엔, 둘이 하나가 된 1248번도 있고, 벼락 맞고도 살아난 2691번도 있었다.

다 좋은데, 노란색 번호 딱지가 자꾸 거슬린다. 소의 귀에 붙여 놓은 것이 연상된다. 왠지 잡아먹을 것 같은 분위기다.
번호표가 안 보이게 뒤로 돌려놓으시던지ㅠㅠ.

번호는 작게, 이름은 크게 붙여주면 안 될까?

올레 코스 중 13코스였던가? 의자에 이름을 전부 부여했던데 나무에도 이름을 부여한다면, 비자림이 더욱 빛나지 않겠는가?
전국에 이름 공모 한 번 하면, 금방 될 것도 같은데…….
그 자체가 훼손일까? 그렇다면 쓸데없는 상상일 것이고…….

하여튼 비자림은 날씨 좋은 날 천천히 걷고 싶을 때 오면 좋겠다. 오

▲800여 년 된 비자림

늘은 비가 많이 와서 인지, 길이 질퍽하여 긴장하고 걸었다.

추억.
추억이다.
30년 전, 비자림에 왔었다.
혼자였다.
배낭을 메고 당시 여인숙에서 라면을 끓여먹으며 무전여행을 하던 시절이었다. 비행기도 처음이었고, 제주도 처음이었다. 주변에서 다들 대단하다고 혼자 어떻게 제주를 가냐고 호들갑을 떨던 시절이었다.
그 당시 최고 좋았던 기억이 비자림이었다. 아니 비자림만 생각이 나고, 나머지는 기억에 없다. 혼자 터벅터벅 걸어 내려오는 비자림 길. 그때 그 길은 낭만의 깊이가 굉장했던 숲길이었다.
지금은 심플하게 걷기 좋은 코스로 바뀌었다.
그때 나는 이 길을 다시 걸으리라 다짐했었다.
지금 기분이 왠지 으쓱댄다.

이제, 813년 된 비자나무 앞에서 소원하나 제대로 빌어보자.

비나이다, 비나이다.
'일일일선'하며 살 수 있게
비나이다, 비나이다.

지성

제주 숫마르 숲길.

남의 눈에 잘 띄는 곳에서 우쭐대고 으스대며 행렬을 지어 걷는 것보다, 사진을 찍고 인증 샷을 날리며 자랑질을 해대는 것보다, 불안하고 신경질적인 부산스러운 세상에 사는 것보다, 마음을 가라앉히고 마음을 현재에 두고 가장 강력하게 나를 끌어당기는 것에 자연스럽게 이끌리고 싶을 때가 있다.

조용하고 자애로운 숨결이 살포시 빚어 선으로 다가오는 곳
짤려 나간 숲에서 새싹이 트는 것을 느낄 수 있는 곳
노루가 호기심에 사람의 발자욱에 귀 쫑긋 하는 곳
숫마르 숲길이다.
홍할멍과 맥아더교장과 두 열정적인 덤엔더머! ㅎ

나는 그동안 올레 길의 오름과 봉우리, 해안선 길 그리고 곶자왈을……최근엔 마라도를 시작으로 비교적 쉬운 숲길인 사려니, 비자림, 붉은오름 숲길을 걸어왔다.
사려니 숲은 그 선한 느낌을 받기엔 탐방로 길이 다소 지루했고, 비자림 숲은 사람이 많아 호젓함이란 사치를 누리기 어려웠다. 명성에 비

▲숫마루숲길에서

해 아쉬웠단 뜻이지, 안 좋다는 이야기는 아니니 오해말길…….

나는 이제야 주인을 만난 듯 숫마르 숲길에서 그 답을 찾았다. 한라생태 숲에서 시작하는 숫마르 숲길, 중간에 게 오름도 오르고, 편백 숲도 지나고 삼나무 숲도 지나고, 노루도 보고, 마지막엔 탁족으로 여정을 마무리하는 길!

나는 지금 숲에 서 있다.
여기는 숫마르 숲길 어느 즈음이다.

자애로운 햇빛이 선한 빛으로 다가와 주변 숲을 포위한다. 그 가운데 가던 길 멈추고 숨을 크게 들이킨다. 그래 그림이나 작품은 이런 곳에서 나오는 것이다. 사진을 찍었다. 이곳에서 이런 날 이런 좋은 사람

▲숫마루숲길 끝부분

들과 함께 하는데 만족스런 사진이 안 나올 수가 없다.

할멍은 자식에게 바다가 보이는 도서관에서 책을 읽으라고 제안한다. 선배는 후배에게 새롭게 시작하기 전에 쉬라고 또 쉬라고 권한다. 교장은 학생에게 쓰라고 이야기한다. 물마시듯이, 양치질 하듯이, 쓰는 훈련을 하라고 코칭한다. 그동안 이미지는 없었다. 이미지는 지금부터 만들어가는 것이라고 코칭한다.

할멍은 "여행의 결론은 인문학이다."라고 정의 내렸다. 책을 읽고 걷기를 반복하고 착한 사람을 도와주려고 한다.

이게 살아가는 지혜 아니겠는가?
이게 살아가는 지성 아니겠는가?

착한 사람을 어떻게든 도와주고 싶은 마음!

왜 걷는가?
리듬을 타고 걷다보면, 고민거리도 흐트러지기 때문이다.
디자인이 안 된 자연이 가장 좋은 디자인이기 때문이다.
이를 가장 가까이서, 그 숨결을 대할 수 있기 때문이다.
걷는 사람들은 왜 착해지는가?
처음에는 남 탓을 하다가 시간이 지나면 내 탓을 하게 되고 어느덧 나를 내려놓는 순간, 자연이 다가와 기쁨으로 변하니 착해질 수밖에 없는 이치다.

우리는 2킬로 남았다는 거리를 "금방 가. 다 왔네." "30분만 가면 되겠네." 하고 이야기를 주고받는다. 바다 조명 아래 기타 소리 하나, 음악 소리 하나에 숨을 죽이고 아이스크림 하나에 세 명이 숟가락을 들이대며 깔깔깔 웃는다. 지금 여기 맥주 한 잔이, 지중해 썬 크루즈에서 와인 한 잔 마시는 것보다 우월하고 소중하다는 것을 안다.

우리는 "언제나 걸어가? 차타고 가자. 거길 왜 걸어? 걸어서 뭐해?"라고 이야기하지 않는다.

그러면 됐다.
그래서 좋다.

노는 방법3

다시 찾은 비자림, 사려니.

한 번 더 비자림.
비자림 삼거리에 좌판 깔고 누워
비자림으로 삼행시를 읊는다.

비 비가 오려나
자 자연스럽게
림 님도 오려나

비 비속의 여인
자 자연의 여인
림 님은 어디에

우리는 이곳을 자림정이라 이름 붙이고, 지나가는 관광객 사진을 찍어주며 좋다고 낄낄댄다. 비자에 속고, 용의 썰에 속고, 님에 속고…….

그럼에도 불구하고 800여 년 전 한 그루의 씨앗이 지금에 이르러 무성한 비자림에 이르렀으니, 여기에도 [석과불식]의 교훈이 남아 있음

을 안다. 친구와 함께 하니, 추억 하나 더한다.

　사려니 숲 끝에서 삼나무의 위용을 배경으로 프로포즈를 하고 흰 소복을 입은 여인네가 퍼포먼스를 하는 가운데 나는 나무토막에 벌러덩 누웠다. 그리고 저 끝없이 하늘을 향해 치솟는 꼭짓점을 바라본다. 그리고 '아~ 존네.' 하고 탄성을 지른다.

용눈이 오름의 철학

몇 번이고 다시 가본 용눈이 오름.

각도.
관점.
각도 하나 바꾸었는데 사진이 그럴싸하다.
삼각대 하나 갖고 왔는데 모양이 그럴싸하다.
두 사진작가 지망생과 함께 하니 내가 할 일이 없다. 그들의 관점과 각도만 믿고 웃어주기만 하면 장땡이다. 각도가 정말 중요하다.

두 번째 친구들과 함께한 용눈이 오름은 위와 같은 느낌이었다. 그런데, 그 이후 가족과 올레꾼과 그리고 나 혼자 몇 번 더 가게 되었는데, 그 느낌의 결과를 정리한다.

참고로 다랑쉬 오름과 따라비 오름은 오름의 여왕이라고 소개되고 있다. 그 이유는 직접 가 봐야 할 것 같고, 다만 내 느낌은 다랑쉬는 높으며 외아들을 갖고 있는 속 깊은 오름이고, 따라비는 낮으며 딸을 셋 낳은 풍만한 어미 오름이라고 할 수 있겠다.
오름이 제주에 360여 개가 된다니, 적어도 100개 정도는 가 봐야 정리가 될 텐데, 나는 40개 정도로 그쳤다.

▲몇 번이고 다시 가본 용눈이 오름

용눈이 오름의 철학.

그 높이가 나지막하면서도 360도 조망할 수 있고, 둥글고 둥근 곡선이 허허실실하면서도 내공을 추구하는 것이 이곳이야말로, 내가 원하는 삶의 철학과 일치한다. 오르는 길 또한 누구나 쉽게 다가갈 수 있고, 푸른 초록밖에 없어 아래서도 어디쯤에 오는지도 보이니, 가식을 모르는 청렴한 오름임에 틀림이 없다.

정상에 올라도 정상 같지 아니하고, 분화구 한 바퀴 돌면서 세상 주변인들과 소통하라는 길을 두고 있으니, 그 기품의 끝이 어딘지 모르겠다. 최악의 시련이 오면, 분화구에 잠시 몸을 숨겨 피신할 수 있고, 세상의 밝음이 오면, 다시 나와 가치와 보람을 추구하니, 가히 사대부의 삶과 아주 닮았다.

어디 낮에 뿐이랴. 밤하늘의 별과 달이 오름을 밝히고, 손만 뻗으면

마치 닿을 듯한 보름달은 우주에 대한 신비와 세상살이에 대한 피로를 씻어준다. 이 용눈이 오름이야말로 삶의 자세와 목표에 대한 정의를 내게 명확히 내려준다.

산 정상만 추구하지 않아도 된다는 것. 오름에서도 정상 못지않은 기품과 선을 추구할 수 있다는 것. 오히려 마을과 인접해 있고 누구나 쉽게 다가갈 수 있다는 면에서, 삶의 최종 지표는 용눈이 오름에 있는지 모른다.

산에는 산의 철학이 있고, 달리기에는 달리기만의 철학이 있듯이 제주 올레에서 만난 걷기의 체험에 오름의 철학까지 만나니, 그 기쁨이 이루 말할 수가 없었다.

정상에 다시 서다

성판악~관음사 코스의 제주 한라산.

오늘 주인공은 4명이다.
사진작가 지망생, 쇼생크 선생, 맥아더교장, 치악산쎄오가 뭉쳤다. 오늘의 주연들 4명은 특별한 이유도 없이 그냥 한라산 한 번 등반하자고 시작은 했지만, 사실은 저마다의 특별한 이유가 차고 넘쳤던 아주 특별한 하루였을 것이다.
새벽 4시에 기상하여, 5시 30분 픽업, 6시 해장국 뚝딱하고, 6시 30분 등반 시작. 사진작가 지망생이 성판악 입구에서 멋찌게 한 장 찍었다.
사라 오름도 갔다 오고, 이후 작가의 촬영이 지연되기 시작했고, 그래서 진달래 대피소에서 부터는 각자 도생의 길을 걷기로 했다.

한라의 비경이 시작되기 전까지 교장의 연설과 쑈생크의 썰이 파도와 구름처럼 믹스되면서, 교감과 감탄으로 이어지고, 한라산을 이렇게 쉽게 올라가도 되나 싶을 즈음에 하늘이 열렸다.
아~~ 좋구나. 바람아 너 쥑인다. 저 구름 밑의 서귀포 전경이 보이고 그야말로 구름의 뚜껑이 열려 하늘 아래로다.

백록담.

▲백록담

　동서 600미터, 남북 400미터의 아담한 백록담!
　화창한 날씨 덕분인지 온전히 한참을 바라보다 구름이 몰려오는데 용이 내려오듯, 제우스가 휘몰아치듯 방향과 질서를 종잡을 수 없게 훅 들어왔다가 관음사 방향으로 훅 **빠져** 나간다. 등반객들은 저마다의 포즈로 사진을 찍고, 앉거나 누워 잠을 청하기도 하고, 알딸딸 가족, 오스트레일리아 친구들, 젊은이들, 대안학교 학생들, 학생 1인, 하여튼 이런저런 사람들이 정상에 널브러져 있다.

　정상.
　정상이다.
　정상 정복이다.
　정복.
　정상을 정복했다고 한다.

▲한라산 정상에서 저마다의 포즈로 쉬고 있다.

어쩌면 흔한 말인데, 정상 정복이란 말을 써도 될까?
잠시 주춤한다.
그럼에도 정상 정복이란 말을 오늘은 꼭 써야 할 것 같다.
적어도 내 친구 영기리에게만큼은…….

사진작가 지망생, 영기리. 그가 한라산 등반을 했다는 것은 꿈에서조차 생각지 못한 일이었기 때문이다. 몇 년 전 생사를 오고가던 그 친구가, 간 이식 수술하기 직전까지 우리는 임종을 접하는 심정이었다. 그랬던 그가 처음 한라산을 같이 한다고 했을 때, 그건 불가능한 것이라고 생각했었다. 사라 오름 오르고 내려갈 것이다. 진달래까지만 갈 것이다. 그렇게 생각했었다. 그러나 그는 정상을 밟았다.
오늘 등반은 누가 뭐라고 해도 그의 인생에 최고 작품이 될 것이다. 무려 12시간 고전분투 악전고투 혼신의 열정을 쏟아 부운 승리의 현장이었다. 관음사 쪽으로 내려오면서 한 발 한 발 내딛는다는 것은 지구를 한 번 들었다 놓았다 반복하는 고통의 현장이었을 것이다.

얼마나 욕을 했을까? 한라산을 욕하고 친구를 욕하고 다시는 이런 무모한 짓을 하지 않겠노라고 다짐했을 것이다. 헬리콥터에 구조 요청이나 주변에 도움 요청을 얼마나 하고 싶었을까?

핸드폰 밧데리는 나갔고, 저 앞 사람마저 놓치면 혼자가 되는데 그 외로움과 두려움은 어떠했을까? 그러나 그는 그럴수록 소위 쪽 팔리지 않기 위해 이를 악물었을 것이다.

아~~이~~ 미련함이여~~~!

결국은 그 미련함이 정상 정복을 하게 하고, 친구들을 부끄럽게 만들었도다. 멋찌다, 친구 정말 대단하다. 친구의 인간 승리에 감탄하며 박수를 보내며 응원한다.

이제 너의 아픔은 모두 사라졌음을 선언한다.

새로운 너의 인생 2가 시작되었음을 선언한다.

젊은 시절 대청봉을, 이번에 한라산을, 다음엔 지리산 천왕봉을 꿈꿀 수 있게 되었다는 너! 지금 배우고 있는 사진도 곧 개인 전시회까지 열 수 있는 날이 올 것이라 믿는다.

나는 그날 보았다.

미치도록 미련하게 그 몸으로 사진 삼발이를 들고 백록담 가는 너를…….

쑈생크 선생, 용酒.

▲남벽 앞쪽

　그는 산만 1000번, 그 중 치악산만 200번 이상 다녀온 산 전문가다. 그 덕분에 작가 지망 선생을 비롯하여 일행 모두 정상 정복을 하였으니 그 전화번호를 끊을 수 없네 그려. ㅎ
　그의 농에 우리는 속고 시도하였으니, 자네의 전화번호만 있으면 우리는 두려울 것이 없다네. 이제 그 수려한 말솜씨와 지식을 사진과 글로 연결시킨다면 더 멋찐 50년이 되지 않겠는가? 그동안 자기만족 수준이었다면, 향후엔 그것을 누군가에게 공유하고 좋은 영향을 주도록 해야……그게 선 아니겠는가?
　함께 해 봄이 어떠신가, 친구?
　맥아더교장.
　평생 정상인 맥아더 교장. ㅎ
　그도 한라산 정상은 오늘이 처음이었다. 정상에서 방송하는 모습도 멋졌다. 학생이 교장을 평할 수는 없는 법, 그럼에도 일반인이 갖고 있

▲남벽 아래쪽

는 교장의 지루함, 그 지루함을 떨쳐버리고, 권위는 살리되 권위주의는 없애고, 가치와 보람찬 삶을 열어주는 길로 더 넓은 지평을 열어주길 기대합니다. 감사합니다.

    치악산쎄오.
    그동안 자뻑으로 살아왔다면, 남은 기간은 그것을 전환해야겠다는 생각을 하고 있던 차에 한라산 등반을 하였다.
    나부터 가족으로 그리고 이웃으로…….
    마라톤 42.195km를 완주한 자, 아닌 자.
    책을 출간해본 자, 아닌 자.
    제주 올레 길을 완주한 자, 아닌 자.
    제주 1.5만 원짜리 해물라면을 먹어 본 자, 아닌 자.
    이제 하나 더 추가한 것으로 자족한다.

한라산 정상을 밟아본 자, 아닌 자. ㅎ

세상엔 고수들이, 숨은 고수들이 정말 너무 많다. 그들을 알아가는 재미가 쏠쏠하고 감사한 일이다.

오늘도 한라산과 우리 주인공들에 감탄한다.

아~~대~단한 사람들이여~~!

며칠 후 친구 한 명이 한라산 등반을 하자고 또 찾아왔다. 왜 그토록 산을 오르려 하는지? 그냥 오르고 싶은 걸 어떻게 하라구~. 그래서 같이 산을 오른다. 결국 한라산 허락된 7개 코스, 모두 걸었다(어리목 코스, 영실 코스, 돈내코 코스, 어승생악, 석굴암 탐방로까지 총 7개 코스 완보).

자연과 문명 사이

사람과 창의력.
제주 만장굴, 성산일출봉.

제주도는 120만 년 된 순상(방패 모양) 화산이고, 360여 개의 단성화산(오름)이 있고 120개의 용암동굴이 있다.

유네스코의 세계자연유산 등재는 10년 전인 2007년 '제주 화산섬과 용암 동굴'이란 이름으로 등재되었다.
우리나라가 삼천리금수강산을 자랑하건만, 백두산도 금강산도 설악산도 지리산도 치악산도 아닌 제주다.
구체적으론 '거문 오름 용암 동굴계' '성산일출봉' '해발 800미터 이상의 한라산 천연보호구역' 3곳이다. 제주 전체의 약 10분의 1이다. 그중 오늘은 거문 오름 용암 동굴계 중 가장 규모가 큰 만장굴이다.
7월초 거문 오름의 음산한 기운과 벵뒤굴에서 불어오는 시원한 냉바람을 잊을 수 없었는데, 그런 면에선 당연 만장굴이 최고인 듯싶다.

만장굴.
춥다. 진짜다.
특히 더위가 더할수록 사람은 더 많이 찾아오는 듯했다. 실제 동굴 내부는 연중 11~18도를 유지해 여름엔 시원하고 겨울엔 따뜻하단다. 벵뒤굴, 만장굴의 시작점이 거문 오름이라 하니, 그 음산했던 곳이 다시 생각난다. 특히 추위를 타는 사람이라면 겉옷 하나쯤 챙겨가길 권한다.

길다. 진짜다.
제주도 화산 폭발 시 한라산 분화구에서 흘러내린 용암이 흐르면서 만들어진 것으로 총 13.4킬로미터로 세계에서 네 번째로 긴 용암 동굴이다. 입구가 3곳인데, 개방된 곳은 제2입구로 1km 구간이다.
그러나 1km라고 얕보면 안 된다. 동굴 내부이기에 구불구불하고 좁았다 넓어졌다 낮았다 높아졌다 하며 걷는 길을 조심스럽게 걸어야 하므로 나름 길게 느껴진다. 그렇다고 겁먹을 건 없다. 아주 편하게 너무 편하게 시원함을 맛보기만 하면 된다.
돌거북, 낙반, 용암 유선, 용암 선반, 용암 발가락, 용암 석주 등을 볼 수 있으며 광장에선 10년 후 같은 포즈로 찍을 사진 한 장 남겼다.

잘 왔다. 진짜다.
단순히 더워서 왔는데, 와 보길 잘했구나 싶다. 20년 전 즈음 왔었던 것 같기도 하고 아닌 것 같기도 하고 다른 굴이었던 것 같기도 한데……하여튼 만장굴을 와 보니 제주의 세계자연유산 방문이 완성되는 느낌이 들었다.
똘아이가 이제 만 20살이니, 10년 후 기약하기로 한 같은 포즈 사진 찍기도 하고……무엇보다 추워서 좋았다. ㅎ 안경에 서리가 낀다.
무더운 여름날 주변 숲이나 곶자왈 등을 걷다가 못 견디겠으면 이곳

▲*세계 최대 규모의 장엄한 용암 석주 7.6m

에 들리면 딱 좋겠다.

자연유산.

자연 그리고 문명.

세상에는 영역이 두 가지가 있다고 한다. 하나는 자연의 영역이고, 또 하나는 문명의 영역이다. 자연은 자기가 알아서 저절로 흐르는 영역이라면 문명은 사람이 변화시켜서 만든 영역일 것이다.

저절로 된 영역엔 어떻게 감당할 수가 없다. 위대한 감탄을 보내는 것과 그리고 보존뿐이라는 생각이다.

그리고 자연과 문명 사이에는 사람이 존재한다.

사람.

그렇다면 사람이 가장 중요하고, 그 중에서도 사람의 생각이 가장 중요할 것이다. 생각에 따라 태도와 행동과 결과가 달라지기 때문이다. 우리는 어떤 생각으로 어떤 높이와 어떤 초점을 갖고 세상을 봐라보느냐에 대한 끊임없는 공부를 하는 것.

이것을 우리는 인생 또는 삶이라 부르는지 모를 일이다.

[성산일출봉]

장면1.

이른 새벽 광치기 해변에 도착했다. 사진작가 지망생들(아마도 어느 사진 동호회에서 온 듯)이 세수도 안 한 얼굴로 서성댄다. 이곳에서 성산일출

▲구름을 비추며 떠오르는 일출

봉 위로 떠오르는 일출을 감상.

장면2.

이른 새벽 우도의 조명에 감탄하며, 삼삼오오 산을 오른다. 정상에는 이미 많은 사람들이 자리를 잡고 있다. 일출봉에 올라 일출을 본다.

*구름을 비추며 떠오르는 일출…….

*일출을 기다리고 보는 사람들 사진.

약 10만 년 전, 제주도 360여 개의 오름 중 하나이면서, 바다 속에서 수중 폭발한 화산체란다.

▲성산일출봉에서 일출을 기다리고 보는 사람들

View를 뭐라 하겠는가?

많은 사람들이 찬양과 극찬을 하고 반드시 꼭 가고 싶은 곳 1순위이기에 나까지 덜렁대고 싶진 않지만, 그래도 ㅎ 제주 답사의 기본코스. 영주십경의 제1경. 제주 올레길 제1코스.

분화구 둘레에 고만고만한 봉우리가 99개 둘러져 있고, 면적이 8만 평이라는데 참으로 평온하고 아늑하게 자리 잡고 있다.

밖으로는 바다와 우도가 멋지게 보이고, 성산 아래 동네도 예쁜 해안선을 이루며 올망졸망 배치되어 있다.

설문대할망은 일출봉 분화구를 빨래 바구니로 삼고 우도를 빨랫돌로 하여, 당신 옷을 세탁했다고 하니……그 내용을 듣고 다시 바라보면 고개가 저절로 끄떡여진다. 또한, 올레길 1코스를 더듬어 보며, 해안선을 읽으니 그 감회가 새롭게 다가온다.

장면1.
정상에선 두 여학생이 춤 연습을 격하게 하며 동영상 촬영에 돌입했다. 아내와 보고 있노라니, 그 모습 참 예쁘다~~. 우리도 여기도 저기도 사진 찍어대기 바쁘다~~. 환상적인 풍광을 뒤로하고, 다음은 낮잠으로 몸 보충하고 제주 반대쪽 협재 해변으로 GOGO~~.

창의력.
우리는 창의적인 사람이 되자고 이야기한다.
창의적인 사람이 된다는 것은 생각을 흐름으로 만들어 길을 내는 것이다. 그러면 문명이 되는 것이다
올레 길도 그런 것 같다. 걷기는 쉬워도, 길을 낸다는 것은 생각을 흐름으로 만든 것이다. 그 길을 걷도록 하여, 지친 사람들의 마음과 몸의 근육을 입히는 것이다. 그것은 문명이다. 사람들이 이룩한 문명. 제주에 문명이 하나 더 추가된 것이다.
그 창의력은 질문하는 힘에서 나오며 그 원천은 독서와 걷기와 달리기 등에서 나온다고 한다. 거기에 일출, 일몰도 포함해야 하겠다. 자연의 위대함에 직면했을 때, 질문하는 힘은 저절로 나올 것이다. 매일 떠오르는 일출이지만, 감탄으로 시작하는 하루, 벅찬 하루가 시작된다.
여행을 한다는 것은 늙지 않기 위함이다. 늙는다는 것은 궁금증과 호기심이 없어지는 것이다.
우리는 숨을 쉰다고 이야기한다. 살아있다는 이야기다. 숨은 내 것

이다. 공기는 남의 것이다. 숨이 공기로 바뀌는 일이 곧 죽음인 것이다. 숨을 쉰다는 것은 궁금증과 호기심이 같이 한다는 것이다.

숨을 쉬며 걷고 독서하고 여행하며 감탄하고 질문의 힘을 키우고 일일일선하며 자유롭게 별처럼 사는 것, 제주 살기의 삶의 방식이다.

세상 가장 높은 곳에서 독립적이고 자유롭게 살아가는 단계.
별처럼 단 한번이라도 살아보는 것.
일상과 주변에서 재미와 행복을 느끼고 감탄하는 삶.
품격 있는 말과 선한 행동을 일일일선하며 실천하는 삶.
우리가 추구하는 삶의 방식이다.

서귀포의 사람들

제주 문화생활.

젊은 꽃미남 4명의 첼로인 'HARD CASE'가 J. Williams의 Star Wars를 연주한다. 이 지역 학교 선생들로 구성된 첼로를 사랑하는 4중주인 듯하다. 악기는 크고 긴 것이 주로 저음은 담당하고, 작고 짧은 것이 고음을 담당한다는데, 첼로가 인간의 음역대를 가장 잘 표현하는 악기란다. 그래서 중주도 가능하단다.

그들의 수줍어하는 열정과 행복해 하는 귀여움이 멋찌다. 부산에서 급히 이번 연주를 위해 참석도 하고……소박하고 즐거운 그들의 꿈……리더 결혼? 이뤄지질 응원한다.

이번에도 남자 4명이 나와 중창을 한다. Rolf Lovland의 You Rasis Me Up~~우와 감미롭다. 모두들 젊었을 때 여자 꽤나 울렸겠다. 아닌가? ~ing 일 수도 있고…….

팀 이름 꽈뜨르 보체. 이탈리아어로 네 개의 목소리란 뜻이란다. 성악을 전문으로 하는 성악가들이 멋찌게 뭉쳐 사는 모습이 좋다. 전문가가 멋찌게 사는 것이 최고다. 그것이 어느 분야에서건……. 전문가가 아닌 나 같은 사람이 하면 꼴깝 떤다고 이야기한다.

꽈뜨르 보체. 브라비~~!

푸치니의 오페라 토스카.

1800년 6월 17일 일어난 사건을 작품화했다. 나폴레옹 전쟁 시대의 로마……여기도 이탈리아 '노래에 살고, 사랑에 살고' 착하게 살았는데 왜 나에게 이런 고통을 주시나요? 애절한 토스카 소프라노 김지현의 절규에 숨을 죽인다.

브라바~~~!

남주인공 카바라도시 이정원의 별은 빛나건만. 브라보~~! 오페라가 끝나고 박수 이렇게 오래 쳐보기는 간만이다. 1만 원에 관람했다. 가성비 최고다. ㅎㅎ

우리는 걷고 보고 듣고 읽고 즐기기만 하면 된다.

이 단순한 놀이로의 전환이 왜 이렇게 힘들었을까?

파마머리 김정운 씨는 이 시대의 궁극적 가치는 재미와 행복이므로 감탄하며 사는 것이 삶의 본질이라고 갈파했다.

6월 어느 날, 밧데리 충전소에서 김광석 기타리스트의 열정에 감탄하며 놀란 적이 있었는데, 7월 마지막 주간은 서귀포 예술의 전당에서 1만 원으로 호강한다. 내친김에 주말에 열리는 오페라 갈라 콘서트까지 예약해 버렸다.

오페라 갈라 콘서트.

강혜명의 오페라 <박쥐>를 들으며 만족스런 미소를 짓고, <나비부인>에선 고요와 폭풍이 오고가고, 최자영의 오페라 <마술피리>를 들을 땐 그 카리스마에 숨이 넘어가는 줄 알았다. 박준혁의 오페라 <세빌리아 이발사>에서는 그의 입만 쳐다보며, 저 사람 배에 뭐가 차 있을까를 생각했고, 박혜진의 오페라 <루살카와 주디타>를 들을 땐 슬픔과 그리움을 떠올렸다. 김지현의 오페라 <토스카 노래에 살고 사랑에 살고>를 다시 한 번 들으니 더 좋았고, 전병호의 오페라 <리골레토와 그라나다>, 임정근의 노래를 들을 땐 저 작은 체구가 얼마나 무시당하며, 극복했을까 하는 연민까지 들었다.

저들은 신이 내린 목소리가 아니다. 신이 되고자 하는, 품격 있는 높은 곳에서 세상을 만나고자 하는 노력의 결과일 것이다. 그러기에 더욱 박수를 보낸다. 많은 악기 중에 인간의 목소리만한 것이 없다고 하던데……한때 대학 방송국 아나운서를 경험했던 나로서는 감회가 새롭다. 서귀포 갈라 콘서트 엄지척이다.

연민? 한? 제주의 한? 제주인은 슬픈 민족인 듯싶다. 강원도 사람이 착한 사람이라고 무시당해 왔다면, 제주민은 4.3탓일까? 고려 몽고의 침입 탓일까? 슬픔이 교차한다.

그것은 아마도 사회자이자 예술 감독이자 메조소프라노인 제주인 김수정 님의 벅찬 마음이 나에게 전달되어서일 것이다.

제주에서 비행기 타고 서울까지만 가도 성공일 텐데, 서울을 넘어 세계를 점령하고 다시, 고향 제주로 온 감회! 그것은 아마도 어쩌면 아마도 '해녀'정신이 아닐까 싶다.

여자가 제주에 많다던데, 많은 것을 떠나 제주의 주인은 해녀일 것 같다. 해녀다. 해녀 체험을 해볼 수도 없고, 하여튼 해녀문학을 좀 들여

다볼 일이다.

도대체 이 제주, 서귀포. 너는 누구냐?
매일매일 새롭고, 매일매일 다른 세상에 있으니, 제주는 천상 별천지임에 틀림없다.

문화.
자연과 문명 사이에 있는 사람이 만들어 가는 문화!
그 중에서도 예술이라고 불리는 그것은 숭고함과 경건함이라는 것을 추구한다. 나는 예술을 잘 몰라도, 기타 첼로 성악 오페라를 잘 몰라도, 그냥 예술은 멋찐 것이라는 생각이다.
예술이란 이름 자체가 품격 있는 단어이기 때문이다.
내가 도저히 따라갈 수 없는 전문영역이기 때문이다.
그 멋찐 예술을 경험한다는 것은, 다른 그 어떤 것보다도 행복한 일이다.

이중섭.
그의 고통스런 삶과 예술혼은 또 어떠랴?
이중섭거리에 오면 상점만 들르지 말고, 그가 살던 거주지의 방 벽에 붙어 있는 <소와 말>이라는 시 정도는 읽고 갈 일이다. 그리고 바로 옆 기념관을 꼭 찾아볼 일이다. 그리고 범섬 문섬 숲섬을 봐야 한다. 그래야 그 기분이 제 맛이다.
시간이 맞아 떨어진다면, 이중섭거리의 광장극장이라는 곳도 기웃

거리면 최고다. 공연장인데 하늘이 뻥 뚫렸다. 별이 있는 날은 별을 보며, 비가 오는 날이면 비를 맞으며 공연을 보는 곳이니, 그게 최고 아니겠는가? 오늘도 비가 두두둑 떨어지는데, 자리를 비우는 이가 아무도 없다. 즐길 줄 아는 사람이 온다는 이야기다.

올레 길을 연 여자, 서명숙. 제주 여자다.
그는 "길은 행복한 종합병원"이라고 결론지었다.
육체적 치유뿐 아니라, 정신적 근육이 바로 선다는 이야기다. 육체적 근육, 정신적 치유가 아니다. 잘 음미하기 바란다.
나는 관점을 거꾸로 볼 필요가 있겠다고 이해했다. 세상이 한 쪽으로 기울었으니, 다시 수평을 잡아야 하지 않겠는가?

의사들이 흔히 하는 이야기들이 있다.
"스트레스 받지 마세요. 과로하지 마세요. 운동하세요."
누가 그걸 모르겠는가? 그것에 대한 만병통치약이 있으니 바로 '걷기'라고 하는 것이다. 걷기 예찬은 수없이 많은 사람들이 해온 고전 같은 것이다. 뉴턴도 산책 중에 만유인력의 법칙을 깨달았고, 베토벤도 전원에서 그랬으며, 칸트의 시계도 유명하고, 니체도 걸으며 사색했고, 소로의 <월든>은 느리게 사는 모습의 고전이 되었다.
시대의 고수들은 걷기를 통해, 높은 경지의 다른 세상을 본 것이다.

서울의 높은 아파트, 깊은 지하철, 바쁜 일상……그런 곳에서 어떻게 남을 존중하는 배려가 싹틀 수 있단 말인가? 그것은 기적을 바라는 것이 아니겠는가? 정신없이, 미친 듯이 한 방향으로만 가는 세상에서 어떻게 다양성이 존중받을 수 있단 말인가? 그것은 애당초 불가능한 것인지 모른다.

우리는 다른 사람을 만나면서
우리는 다른 생각을 만나면서 공존하며
더 나은 세상을 추구한다.
그렇다면 다른 사람을, 다른 생각을 만나는 방법은 무엇일까?
독서와 여행이다.
독서와 여행.
독서와 걷기.
독서와 달리기.
읽고 달리고 상상하라.
공통점은?

문화를 주제로 서귀포의 밤이 흐른다.
멀리 범섬 바라보며…….

마라도 줄

제주 마라도.

대한민국 최남단 마라도. <무한도전>과 <미운우리새끼> 덕분인지, 무언가에 이끌려 최남단까지 왔다.

줄이다.

행렬이다.

군대 구보 행렬도 아니고, 장례식 행렬도 아닌 것이 여기 마라도에 행렬이 선다. 스스로 왁자지껄 기쁜 마음으로 줄을 서고 행렬을 시작한다.

목적은 하나다.

최남단에서 짜장면 먹어보자.

줄을 선다. 표를 살 때도, 배를 타고 내릴 때도 줄을 선다.

운동회에서도 줄을 서고, 학교에서도 줄을 서고, 직장에서도 줄을 서고, 정치 경제 사회 문화 분야 어디서도 줄을 선다. 심지어 동호회에서도 줄을 서고, 하다못해 줄을 잘 서야 성공한다고 한다.

동화 속에 나오는 하늘나라 가는 동아줄인지 썩은 줄인지도 모르고 무작정 기다리는 경우도 있다. 믿음과 신념이란 무기를 장착하고 기다리다 그렇게 시간은 지나고, 그러기에 유행가 가사는 세월에 속았다고 우리를 위로한다.

▲세월이 도둑넘임을 아는 사람들

   세월은 도둑넘, 어디서 왔다가 어디로 가는 건지
   자고 나고 일어나 보면 그날인 것 같더니 이팔청춘 보이지 않는다.
   아마도 세월이란 놈이 훔쳐간 것 같으니, 그 넘은 도둑넘이다.

   저 줄은 세월이 도둑넘임을 아는 사람들일 것이다.
   그래서 도둑넘 같은 세월 속에서도 인생의 버킷리스트 하나 더 채우기 위해, 기를 쓰고 여기 행렬에 참여했을 것이다.

   덤으로 마라도의 언덕과 초원과 바다에 감탄하면 더 없이 좋을 것이다. 마라도의 성당, 절, 가파초등학교 분교인 마라분교, 심지어 커피집, 편의점에 감탄하고 즐비한 식당에서, 짜장면 한 그릇 먹는다면, 더할 나위 없이 좋을 것이다.
   대한민국 최남단에서 인증 샷 하나 남긴다면 멋찐 추억이 될 것이다.

우리는 이런 것을 스토리라 이야기하며, 인생의 맛 또는 멋이라고 부른다.

우리도 그 맛을 음미한다.
대한민국 최남단에서 수평선을 바라본다.
영혼이 씻기어 나가는 것 같은가?
바람의 명령이 다가오는가?
군더더기 하나 없는 마라도는 단순한 아름다움과 바람 바다로 사람의 마음을 홀린다.

비양봉의 자부심

비양도.
한림 항에서 배로 10분 정도 이동하니, 아담한 비양도다.
동서 및 남북의 길이가 1킬로미터 정도이고, 비교적 원형이며, 섬 중앙에는 114미터의 비양봉과 2개의 분화구가 있다. 왼쪽으로 한 바퀴 돌고, 비양봉에 오르는 데 2시간이면 충분한 시간이다.

왼쪽으로 발걸음을 돌린다.
호젓하니 좋다. 배에 같이 타고 온 많은 관광객들은 어디로 갔는지 몇 명만이 비양도 걷기 투어에 나섰다. 날씨가 더워 다들 횟집으로 달려가 한 잔 하는 듯하다. 암석소공원, 코끼리 바위, 애기 업은 돌, 호니토를 보고, 반대방향 펄랑 못을 지나오니, 지금은 폐교라는 한림초교 분교가 아담히 있고, 바로 배가 도착한 항이 나온다.
이곳에서 다시 봉을 향해 출발, 다소 지루한 듯싶을 때, 대나무 숲이 나오고 정상이다. 바람이 시원하게 불어준다. 바람이 너무 좋아 내려가기 싫어 여기에서 한참을 머물렀다.

좌는 삶의 실전 전쟁터요
우는 한림에 대한 동경이다.
이곳 소년소녀들은, 가끔은 이곳 비양봉에 올라 한라를 넘는 꿈을

▲비양도

키웠을 것이다. 처음엔 바람이 그렇게 좋더니, 조금 시간이 지나니 한라에 대한 그리움이 소스라치게 찾아든다. 저기 한 번 더 가 보리라~~!

바다를 모르고 섬을 모르던 내 고향 치악산은

산 넘어 산, 또 산 너머 산 밖에 없었다.

거기서 당시의 꿈은 오직 기차였다.

기차 소리만 들리면 정말 타고 싶었다.

저것만 타면 성공할 것 같았다.

그러기에 내 어린 꿈은 철도지기였다.

적어도 중3시절까지는 그랬다.

이곳 비양도 친구들은 아마도 한라를 동경했을 것이다.

아닐 수도 있다. 이 곳 비양봉에 있으니 제주의 동쪽 서쪽 북쪽 모두 광활한 조망이 거대하다. 한라산도 날 좋은 날 짝대기 하나면 닿을 거리로 다가올 것이다. 그렇다면, 오히려 한림에 있는 친구들이 이곳 비

▲한림초등학교 비양분교

양도를 동경했을 것이다. 니들은 날 보고 동경하겠지만, 나는 너희들 전체를 본다는 자부심이 솟구친다.

비양도 친구들은 그런 자부심을 가져도 될 것 같은 비양봉을 가졌다.

바람이 다시 세차게 분다.

처음엔 나 한 명이었는데 어느덧 사람들이 늘어 10여 명이 되었다. 이구동성으로 소리를 질러댄다. 캬~쥑인다. 시~원하다. 안 온 사람 후회할 꺼다. 아~아하~~! 이 감탄사들을 메모하는 중간 허리가 휘청댄다.

바람이 날 쿠션 치듯 때리고 돌아간다.

가파도 이슬비

제주 가파도.
정자에 누워 바람을 맞이하면서 파도소리에 귀 기울인다.
누워 있는 건 언제나 편안하다.
이 강한 바닷바람에도 잠이 솔솔 온다는 게 신기할 뿐!
이럴 땐
읽던 책을 덮고 얼굴에 묻으면 좋다.
종이 냄새가 코끝으로 옮겨오면서 잠이 든다.

청보리 간 데 없고, 꼬마 수지도 학교 갔고……
잠시라도 잠을 청하며 가파도 바람을 맞는다.

가장 낮은 곳에서 가장 높은 곳을 바라볼 수 있고
가장 멀리 있는 곳도 볼 수 있는 이곳 가파도는
인간이 사는 섬 중에서 가장 낮은 곳에 위치하기에
어쩌면 '가장 큰 가능성을 열어 둔 곳'일지 모른다.

작가는 창의력이 있어야 하며, 모험해야 하고, 책을 많이 읽어야 하며……갑자기 팔씨름으로 갔다가 다시 예술로 넘어와서 술을 좋아해야 하고 정철의 은잔 이야기로 넘어온다.

 임금님이 정철에게 은잔을 하사하며 "이제 술은 이 은잔으로 딱 한 잔씩만 들게나." 했다는데, 이에 정철은 임금님의 뜻을 거절할 수 없고, 술도 끊을 수 없고 해서 은잔을 크게 넓혀서 대접으로 술을 마셨다는…….
 서귀포 범섬 문섬 섶섬과 남녀 사랑, 예쁜 기생의 전설도 아마 술 좋아하는 정철 선생이 만든 말일지 모를 일이다. 아니면 지금 내 앞에 있는 동철 선생의 말일지 모를 일이다.

 어쨌든 제주인에게 섬은, 섬에서 바라본 섬은 수많은 전설과 꺼리와 스토리가 있고, 그 속에서 작품도 만들어지고, 해가 뜨고 졌을 것이다.

> 그렇게
> 섬을 마지막으로 벗들이 제주를 떠났다.
> 마지막 가는 길 지금 내리는 비는
> 가랑비인가 이슬비인가 하는 질문을 남기고……

답은

객이 가길 바라면 가랑비요

객이 더 머물길 바라면 이슬비다.

캬~~!

제4장 바람

바람의 길,
바람의 명령 앞에 서다

무덤에서 자유를

모슬포~무릉의 올레 11코스.
거의 20일 만에 올레 길을 걷기 위한 발걸음!
왜 이렇게 기쁘고 가슴벅차단 말인가?
울컥울컥 이 길이 내 길인 듯싶다.

육지에서 온 선배 친구 가족들의 접대 아닌 접대가 끝나고 다시 혼자 남았다. 하모체육공원, 대정오일장터에서 자리회무침을 먹던 것을 추억하고 최남단 모슬포항 토요시장 쌍둥이식당에서 선배와 자리물회 먹음을 추억하고 벅찬 가슴을 안고 시원한 바람과 함께 산이물(용천수)를 지나니 바다가 펼쳐진다. 누가 덥다고 했던가? 바람이 이렇게 불어주는데……해안 길 시원하게 걸었다.

해안 길을 지나면 이제 모슬봉을 향한 길이다. 간간히 보이는 무덤, 무덤, 무덤……그리고 또 무덤. 4.3항쟁과 6.25전쟁의 탓인 것 같기도 하고, 양지 바른 명당 탓 같기도 하다. 앞에는 평야요, 멀리 산방산이 떡하니 지켜주고 있다.

모슬평야 가운데 우뚝 솟은 모슬봉!

자유를 생각한다.

자유다.

무덤 앞에서 왜 이런 생각이 스쳤는지는 모르겠으나

자유라는 단어가 떠올랐다.

자유로운 삶.

이 시대의 시대정신, 자유로운 삶.

그것이 선배들에 대한 삶의 태도일지 모른다.

선배들의 고통과 희생 위에 세워진 자유로운 시대,

그것에 감사하고, 잘 보존하여, 후세에게 물려줘야 할 일이다.

사상도 자연도 문화도……

자유로운 삶이 이어질 수 있도록.

　　정상은 군부대라 못 올라가지만 이곳에서라도 뒤돌아보니, 산방산 형제섬 송악산 해변이 파노라마처럼 펼쳐진다. 한 폭의 그림이 평야와 바다와 어우러져 내 눈을 감동케 한다. 모슬포의 밤바다는 또 어떠

하리? 밤에 보는 야경이 끝내 주리라 짐작하며, 숲으로 들어간다. 얼마 지나지 않아 막혔다 터진 앞엔 산방산이 다시 우뚝 다가오고, 한참을 내려가서 모슬평야를 걷는다.

*콩과 고구마 잎들이 바람에 물결치고 햇빛에 비추어 파도치는 물결로 보인다.

천주교 대정성지 앞에서 두 손 모아 합장하고, 추사 김정희의 유배길을 거꾸로 걷는구나. 산방산이 멀어졌다 다가왔다 다시 멀어지기 시작하고, 감귤 밭 스프링클러에서 뿜어져 나오는 물줄기에 나를 맡기고, 찌릿찌릿 잠시 더위도 가시며 걷다보면 신평리다.

신평올레집에서 고기국수! 아 뜨거운 국수였다. 어차피 이열치열, 식사 후 나오는 길에 뜨거운 커피까지 한 잔 더 했다.
저 멀리 모슬봉을 뒤로하며, 이제는 곶자왈 지역으로 진입한다.

가을이다

7월에 무슨 소리냐고?

이 바람과

이 쓰르라미 울음소리와 그들의 돌림노래와

여기저기 잠자리가 날아다니고

늦여름이나 느낄만한 이 풍경이 여기에 있으니

나로선

곧 가을이 오겠구나, 하고 이야기 하는 것뿐이다.

곶자왈은 한편 좀 무섭긴 하다. 가끔 화들짝 놀랄 일들이 벌어진다. 꿩, 노루, 새들이 갑자기 날아가거나 도망가곤 한다. 뱀도 소리는 안 내지만, 눈에 보이는 순간 '악' 소리를 안 낼 수가 없다.

동네 이름이 무릉리인데, 마을에서 나름 관리를 잘해 놓은 듯했다. 초가지붕의 재료인 새왓, 복숭아나무가 많았던 도화남배, 정씨 성이 경작했던 터인 정개밭, 참가시나무, 힘깨나 썼던 오찬이 쾌등 표지석이 안내를 잘해 주고 있다.

그렇게 화들짝 놀라다가, 표지석 보다가 곶자왈 내에서 비교적 넉넉한 길이 나오는 이곳! 곶자왈에서 동네 나오기 400~500미터 즈음의 길은 거룩하고 숭엄한 길이다. 이곳에서 교회를 믿는 사람은 찬송가를 부르고, 아닌 자는 가곡을 거룩하게 부르면 제격일 것 같다.

'초연히 쓰을 고간 기입 픈 계곡~~'
<비목>을 목소리 최대한 힘주고 불러본다.
어제 그 테너 흉내를 내며. ㅎㅎ

2008년 아름다운 숲 전국대회에서 '아름다운 공존상(우수상)'을 받은 이곳, 동네 이름도 무릉도원을 뜻하는 무릉리다. 강원도 영월, 충북 괴산, 경북 안동, 제주 대정에도 무릉이 있었구나. 그 이름 그 명성 지속되길 응원한다.

마지막은 무릉된장 담그는 비닐하우스를 구수하게 지나면 '무릉생태공원'이다. 이곳에선 12코스를 같이 걸은 선배와의 추억을 기억해낸다.

오늘 11코스를 걸음으로써 10코스와 12코스를 연결하고, 가파도 마라도까지, 제주 서쪽 코스를 모두 연결했다.

앞으로 특별한 일 없으면 안 오게 될 텐데……
모슬포는 제주도에서 내겐 제2의 고향 같은 곳인데……
모슬포에 반하고, 모슬포의 추억에 취했다.
아~ 모슬포 모슬포여~ 울컥울컥할 것 같다.

몸, 바른 자세

광치기~온평의 올레 2코스.

2코스의 시작은 광치기 해변에서 바로 섭지코지 방향 해안으로 가지 않고, 통밭알 저수지로 향한다. 성산일출봉에서 몇 번 봤지만 이런 곳이 있는 줄은 몰랐다.

철새 도래지라는 안내판을 지나 바다를 가르는 것 같은 길을 가다 보니, 두 부부 어르신께서 바지락을 잡으시는지 머얼리 보인다. 앞으로 걸으면서 중간 중간 되돌아볼 때마다 성산일출봉이 시원하게 펼쳐지고, 그렇게 바다에서 시작하여 저수지를 가르고, 식산봉을 오른다.

식산봉은 그 아름다운 경치로 성산 10경의 하나이며, 염습지에만 자라는 황근의 국내 최대군락지이기도 하다. 이곳에선 쌍월雙月, 두 개의 달을 볼 수 있단다.

정상에서 성산일출봉과 우도를 바라보고 내려오면, 이번에는 호젓한 습지를 가르는데, 현무암 바위 위에 핀 나무가, 마치 인공조경을 해놓은 듯 단정하며 광채가 난다.

이어 오조리 사람들의 공중목욕탕인 족지물이 나온다. 위쪽 아래쪽 벽 하나 놓고 남녀가 목욕을 했다 하니, 김홍도의 풍속화를 상상해본다. 그 마을 이름 또한 정겹도다. 오조리.

곧 고성리로 접어들고 홍마트에서 중간 스탬프 찍고, 음료를 사려는

▲오조리 마을에서 보는 성산일출봉

데, 아뿔사 지갑을 안 갖고 나왔다. 다행히 갖고 온 물로 한 방울 대신하고 마을을 지난다. 그래도 이 땀에 젖은, 이 미끄덩한 몸이 기분을 좋게 만들어준다.

몸.
몸이다.
몸이 섹시하다.
섹시하다는 표현은 말랐다는 것과 같은 현상 다른 느낌이다.
학창시절 발목, 종아리부터 섹시하더니,
달리기 할 땐 허벅지가 그렇게 진짜 섹시하더니, ㅎ
이젠 걸으니까 뱃살이 섹시해진다.
뱃살의 거품이 쪽 빠졌다. 실제 5kg 체중이 감소했다.
달리기와 걷기의 힘이 몸을 섹시하게 하기도 한다. ㅎㅎ

일부러 섹시함을 추구한 것도 아닌데, 하다 보니 그렇게 되었다면
이게 바로 일석이조의 최고의 나만의 '선'한 상태가 아닌가?
그렇게 그냥 받아들이기로 했다.
그런데, 아래로부터의 이 섹시한 현상이 얼굴까지 이어질까?

얼굴.
얼굴의 치유 약은 사실 운동이라기보다는 술독 제거일 것이다. 술독만 빼면, 얼굴이든 뱃살이든 슬림해지지 않겠는가?

술.
마시고 완샷 하고 폭탄주 돌리고 머리 돌리고 마이크 돌리고 그러다 돌아가시기 직전에야 집으로 귀가하는 생활을 반복해 왔었다.
새벽에 일어나 아침 7시면 정위치의 자리에 앉았고, 앉자 마다 1등을 외쳤다. 그리곤 저녁이 되면 또 파이팅을 외쳤다. 이젠 그 술독만 빼도, 뱃살과 턱살은 빠질 것이다. 단언컨대.

지금 이 미끄덩한 만족감은 달리기 할 때와는 약간 다른 느낌 같다. 달리기가, 다 끝나고 나서의 미끄덩한 쾌감 같은 것이었다면, 걷기는 걸으면서 느끼는 축축한 이 미끄덩~~. 땀이 미끄러진다.
어느덧 대수산봉(큰물메)에 올랐다. 여기 올라가도 되는 건지? 무덤? 위로 올라가 조망한다. 말미 오름 지미봉 우도 성산일출봉 섭지코지 등 제주 동부 해안이 한 눈에 잡힌다.
시원한 바람이 배꼽까지 들이치니 그 기분 끝내준다.

잠시 '설문대할망이 빨래할 때, 앉은 엉덩이 자리가 어딜까?' 상상해 보다가 모름지기 제주의 동쪽 사대부들이 오름직한 오름이라는 생각을 하며 내려간다.

이 숲속 오솔길을 사대부의 길이라 칭하자. 그리고
숲속에 취해 보자.
자연에 취해 보자.
이곳에서 숲을 만나, 혼자 중얼거리고 감탄하고를 반복하다.
그러고 보니, 이거 술과 닮았다.
술.
한 말 또 하고 횡설수설하고 중얼거리고 캬~ 하고 감탄하고
그래 좋아 하고 더 감탄하고……
감탄이란 공통분모가 있다. 캬~~!
그러니 월하엔 여지없이
자연을 벗 삼아 술을 벗 삼아 감탄을 했을 것이다.

이렇게 잠시 큰물메라는 곳에서 제주 사대부가 되어 호연지기(浩然之氣)도 뽐냈고 자연에도 취해봤다.

이제부턴 현실이다.
씩씩하게 걸으면 된다. 시멘트 길이다.
씩씩하게 걷는다는 것은 어떤 것인가?
바른 자세다.

손을 앞뒤로 크게 흔드는 행군이 아니다. 배를 집어넣고, 똥꼬에 힘을 주는, 그리고 숨을 거꾸로 쉬는 것이다. 요즘 사람들은 이를 복식 호흡이라 말한다. 많은 운동선수나 성악가들이 하는 연습이지만, 일반인들도 하면 된단다.

그런데 그게 잘 안 된다. 잘 안 된다면 안 해도 될 것이다. 다만, 걷기의 핵심은 배와 똥꼬의 힘임을 잊지 말자. 남에게 보여주는 남의 자세가 아니라, 나 스스로만 알 수 있는 은밀한 나만의 자세다. 그러면 곧 섹시해질 것이다. 단언컨대.

그렇게 걷기를 30분~40분 하니 시멘트가 아스팔트로 바뀌어 아이쿠 하는데, 얼마 지나지 않아 곧이어 혼인지 입구가 보인다.

삼신인(고씨, 양씨, 부씨) 신화는 제주에 처음 살게 된 사람들 이야기인데, 3명이 땅에서 솟구쳐 나왔고, 벽랑국 삼공주와 합방한 곳이 이곳 신방굴이고 목욕을 했다는 곳이 혼인지다.

신방굴! 합방한 곳이라 하여, 들어가 봤다. 그런데 합방한 방을 훔쳐 본다고 쓰르라미들이 얼마나 요란스럽게 유난을 떨던지……잘 보지도 못하고 바로 나와 버렸다. ㅎ

마지막 도착지는 벽랑국 세 공주가 떠 내려왔다는 온평 포구다.

오늘은
몸에 취하고
숲속에 취하고
오조리 사람들의 혼탕에 취하고

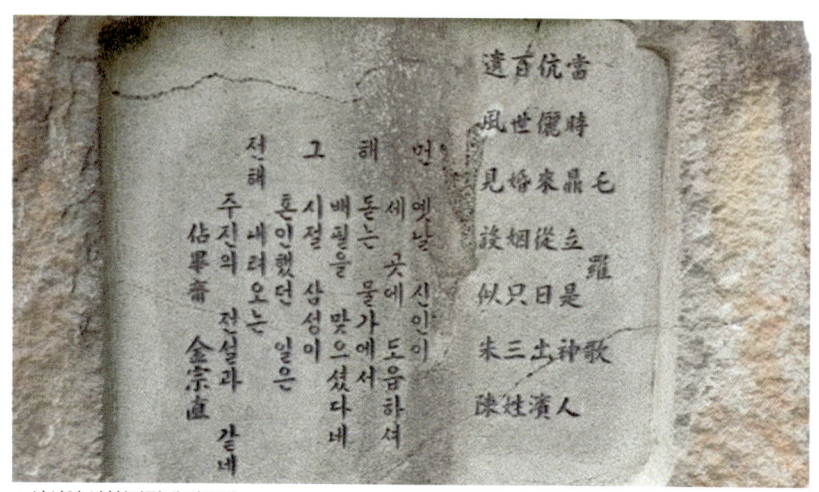

▲삼신인 신화(점필재 김종직)

삼신인의 합방 소식에 취했다.

그런데 삼신인 그들은 하늘에서 내려온 게 아니다.

땅에서 솟았단다.

마치 성산일출봉처럼.

뭉클함

온평~표선의 제주 올레 3코스를 걷다.

제주도는 크게 한라산과 해안선 그리고 중산간 지대로 나뉘어져 있다. 사람들은 주로 해안선에 살고 있고, 중산간 지대는 주목받지 못했던 땅이었다. 그래서 무분별하게 골프장이 개발되고 난개발이 진행되곤 했었다. 그러나 지금은 곶자왈 등 생태계의 보고이자 목장과 오름 등 제주의 독특한 정취를 간직한 곳으로 인식되고 있다.

이런 제주도에서의 올레 길은 바다와 마을과 농지와 숲과 오름을 연결함으로써, 한라산을 제외한 모든 것을 충족시키는 길이다. 제주도 한 바퀴가 얼마 남지 않았는데, 이제야 그 사실을 깨닫게 되다니……특히 3코스를 걸으면서, 그리고 김영갑 작가를 만나면서, 확신이 들었다.

어느 코스를 걸어도 만족한다는 것, 그것은 바다와 마을과 숲과 오름의 변화에 있다는 것이다. 마을이 있는 사람을 중심으로, 갑갑한 듯 싶다가도 바다가 확 나타나고, 밍밍하다가도 오름이 있고, 돌이며 숲이며 밭이며 나무며 꽃이며, 심지어 바람 구름 해 비 등 날씨까지, 모든 것이 오케스트라처럼 완벽하게 춤을 추며 다가오니, 어느 누가 감탄하지 않겠는가?

오늘 3코스는 천둥 번개 비와 하루 종일 동반하는 길이다. 온평 포구에서 시작하여 중산간 쪽으로 방향을 잡고 간다. 어, 어디서 많이 본 듯한 팻말이 보였다. 하늘 게스트하우스 & 카페다.

지난달 16코스에서 만난 분들의 절친 모임에서 뵌 분이기에 반갑게 들어가 폐만 끼치고 나왔다. 라면 얻어먹고 맥주 축 내고. ㅎㅎ. 맑은 하늘 아래 별 보기 딱 좋은 곳이라는 생각이 들었다.

비가 점점 거세지고 있다. 하지만 망설이지 않고 앞으로 걷는다. 이어 통 오름 오르고 주변을 잠시 둘러보고, 곧바로 독자봉에 오른다.

독자봉.

유독 혼자 뚝 떨어져 있어서 독자봉이라고 지었는지, 이 동네엔 유독 독자가 많아 그랬는지는 모를 일이다. 그러나저러나, 독자봉 정상 둘레 길은 나그네가 호젓하게 걷기에 딱 좋은 길이다.

독자.

혼자.

뭔가 키워드를 찾으려는데, 비가 와도 너무 많이 온다. 분위기 그만 잡고, 서둘러 내려가니 비닐하우스 많은 곳을 지나는 길이다.

이제부터 시련의 시작이다. 분명히 바다 귤 리본을 보고 가는데도 시멘트 길이다. 시멘트 길이 뭐가 문제겠냐만 모든 물이 이 시멘트 길로 몰려든다. 주변 밭에서, 비닐하우스에서, 또랑에서, 다른 또랑에서, 더 큰 또랑에서……

모두 내가 걷는 이 시멘트 길로 물이 몰려온다. 길이 물로 차기 시작했다. 갑자기 홍수, 급류……뭐 이런 단어들이 생각났다. 그 길은 더 큰 길로, 결국 바다로 연결되는 길이었다.

▲김영갑갤러리

나는 가까스로 옆 길? 외줄타기 하듯 500미터 이상을 온 것 같다. 마을에 도착했을 때 얼마나 안도의 숨을 쉬었는지…… 휴 살았네, ~~안도하며 마을 정자에서 신발 벗고 양발 벗으니 그 속에 하얀 속살이 나타난다. 양발을 꼭꼭 짜서 다시 신고 출발~!

삼달리 등 정다운 마을을 지나니 김영갑 겔러리(다모악)이다.

김영갑.
제주의 중산간의 아름다움과 서정을 온 몸으로 담아낸 사진작가다. 제주의 오름과 바람 구름을 온 몸으로 사랑한 작가다. 2005년 루게릭병으로 투병을 하면서도 사진에서 손을 못 놓은 작가다.

뭉클함.

뭉클하다.
사진 하나 좋아한 것밖에 없는데 그 몹쓸 병이 왔을까?
그러기에 우리는 더 그를 뭉클해 하는지 모르겠다.

좋아하는 것은 내려놓을 수없는 것이다.
내려놓을 수 없는 것은 좋은 것이다.
사명이든 운명이든 사람이든 예술이든……
좋아하는 것을 내려놓을 수밖에 없을 때의 상실감
그것은 차라리 죽음이라 부르자.
그러기에 더더욱 좋아하는 것을 붙들자.
온 몸으로 감싸 안고 연탄재가 될 때까지 열정을 불태우자.
세상에 태어나 좋아하는 그 무엇이 있다는 것은
얼마나 행복한 일인가?
쉽게 내려놓고 쉽게 바꾸고를 반복하는 것은 가짜다.

그렇다면 가슴 뭉클한 것을
'좋아함'으로 삼으면 처음부터 완벽해지는 것이다.
가슴 뭉클한 좋아함.
그 좋아함은 목표, 꿈이라는 것으로 전환할 수 있을 것이다.
가슴이 벌렁거리는 스스로의 목표, 꿈.
가치와 보람을 동반한 가슴 뛰는 목표,
꿈이라면 더더욱 좋은 것이다.
가슴 뛰는 삶.

자연의 신비로움에 가슴이 뛰었다면
이젠 사람의 신비로움으로 뛰어들자.

지난번 사진 지망생 두 친구가 제주 왔을 때 이곳에 못 와본 것이 못 내 미안하구나.
친구들아 다시 와라~. 다시 가자~. 너희들을 못 내려놓겠다.

그리고 얼마 지나지 않아 바다가 보인다. 멀리 성산일출봉이 보인다. 아직 동쪽이구나. 그 다음 '와~' 하는 시원함이 다가오는데, 바다 때문이 아니고 목장 때문이다.
바다목장, 개인 사유지인데 허락해 줘서 정말 감사했다. 바다목장은 중산간에 있는 목장과는 또 다른 탄성을 지르게 된다. 내 몸이 비에 젖어 여기서 쓰러지더라도, 사진 한 장은 담아야 되겠다.
이 목장 길 1킬로 조금 안 되는 길은 날씨 좋은 어느 날 다시 한 번 와서 멋찐 사진을 남길 만한 길이겠다.

이어지는 해안 현무암 자갈길, 그리고 낚시꾼들. 그 중 1인께서, 성인 종아리만한 커다란 숭어 한 마리 잡아, 배 가르고 목 쳐서 유유히 차에 오른다. 그의 입가에 미소가 가득하다.
나도 정자에 머물며 양말을 짠다. 벌써 4번째. 벗을 때마다 드러나는 하~얀 속살……그 빛깔이 파도를 닮았다.
계속 해변 길이 이어지다 나오는 배고픈다리 천미천. 작은 천이 바다와 만나는 지점에 놓인 일종의 세월교(낮은다리)다.

▲바다목장

　그런데 오늘은 차오른 물 때문에 배부른천이 되었다. 덕분에 나는 2 킬로미터 정도를 우회했다.
　천도 물로 차오르고, 내 신발의 물도 차올랐다. 이젠 양말 벗어 짜는 것 따위는 포기했다.
　차오른 물과 함께 동행한다.
　처벅처벅 처벅처벅 처벅처벅 언제까지 계속 처벅처벅…….

　배고픈다리가 배부른다리가 되었다. 제주에서는 비가 오면 순식간에 물이 차오르고 빠진다.
　고생한 기억 때문인지 최고의 코스를 뽑으라면, 3코스를 그 중의 하나로 뽑고 싶다.
　마지막은 표선해비치 해변이다.
　여기서 또 한 번 감탄이 나온다.

▲배부른 다리가 된 배고픈다리

 길가에서 보는 것과 올레길 바다 끝에서 안으로 보는 표선은 완전히 다르다. 장엄하게 펼쳐지는 파노라마 같은 모양으로 계속 이어진다.
 표선의 곡선. 번개 천둥 비와 함께 하는 표선.

 물과 함께 걸은 3코스, 잊지 못할 것이다.

이야기

남원~쇠소깍의 제주 올레 5코스.

남원 포구를 출발하자마자 한 방 얻어맞았다.

법정스님의『살 때와 죽을 때』'살 때는 삶에 철저히 그 전부를 살아야 하고, 죽을 때는 죽음에 철저히 그 전부가 죽어야 한다.'

그렇다. 현재의 삶에 최선을 다할 수밖에 없는 것이 사람이 해야 할 운명인 것이다. 남원에는 남원을 사랑하는 사람들의 모임이 많은 모양이다. 이들이 문화의 거리에 위와 같은 잠언 등을 적어 놓았다

큰엉이다.

여기부터 서쪽으로 2.2킬로미터 기암절벽이 성을 두르듯 펼쳐지고, 그 중간 즈음에 동굴이 있는데 거기가 큰엉이다.

우리나라 최고의 해안 산책로 관광명소로 알려져 있는 곳이란다. 원시림 같은 숲속으로 들어가면 난대림이 그득하고, 숲이 열리는 곳에서는 현무암 해안 절벽을 만날 수 있다.

*초입에서 바로 만나는 한반도

*큰엉('엉'은 바닷가나 절벽에 뚫린 굴 그늘)

위미리, 용천수 담수탕에서 아이들이 노천욕을 즐기는 것을 보고,

마을길로 접어들면 동백나무 군락지를 만난다. 돌담 따라 300여 그루의 동백나무가 있는데, 봄이나 겨울엔 제 맛이란다. 이 마을엔, 한 할멍이 17세에 시집와 어렵게 마련한 황무지에 모진 바람을 막기 위해, 한라산에서 동백나무 씨앗을 받아다가 심어 정성껏 길렀단다.

마을 사람들은 그를 '동박낭 할망'으로 불렀고, 덕분에 이곳에는 울창한 숲과 기름진 들판이 생겼단다.

이곳에서 쉬어갈 겸 한라앤탐 식당에서 올레 밥상 한 상 받으니 그 맛 꿀맛이구나. 조금 내려오니 위미항이 보이고, 그 앞에 조배머들코지가 있다.

가는 곳마다 이야기가 없는 곳이 없다.
그렇다.

이야기다.
스토리다.
삶은 현재에 최선을 다하는 것이고
삶에 스토리를 만들어 가는 것이다
스토리 없는 삶은 삶이 아니라고 했다.
제주의 삶.
제주의 언어.
제주의 문화.
제주의 자연.

▲제주올레 5코스의 한반도

이 모든 것이 모이고 엮여서 제주의 멋찐 스토리가 되듯이
사람도
자기만의 삶.
자기만의 언어.
자기만의 철학.
자기만의 몸.
이 모든 것이 모이고 엮여야 잘 짜인 스토리가 될 것이다.

해안선을 따라 마을과 해안을 연결하는 5코스!
고망물, 넙빌레, 공천포, 망장포로 이어진다.

어느 즈음, 위미살이를 일찍이 시작한 사람이 제주 위미리의 특징을 설명해 놓았다. 위미리에는 다른 어느 동네보다 맛있는 감귤 밭이 있

▲제주 올레 5코스의 큰 엉

고, 제주도에선 친밀한 손윗사람을 남자든 여자든 삼촌이라 부르며 이를 '괸당문화'라고 한단다.

괸당은 친척이란 개념에 좀 더 친한 사람 정도 되는 것 같다. 식게(제사) 먹으러 오가는 사이가 보다 정확한 표현 인 듯하다.

말이 나온 김에 제주 문화 중 대표적인 하나는 '정낭' 문화다. 대문에 걸쳐져 있는 막대기가 3개면 멀리 외출, 2개면 저녁 때 들어올 것임, 1개면 금방 들어올 것임, 걸친 것이 없으면 지금 집에 사람 있음……정도로 이웃과 소통하는 도구일 것이다.

도둑이 없고 괸당으로 이뤄진 마을이니 이해가 된다.

그나저나 덥다.

손등의 땀이 햇빛에 비추어 그 반짝거림이 마치 금모래 해변 같다. 이 정도면 거의 미쳐가는 것 아닌가? 그렇다, 무지 덥다는 이야기다.

▲한라산을 향해 으르렁거리는 바위들의 형상이 기괴한 조배머들코지의 기암괴석들

더위-땀-휴식-그늘-물-풍덩, 그래도 덥다.

가끔 나타나는 숲길과 바람에 의지하여 예촌망 지나, 쇠소깍 다리에서 오늘 일정을 마무리한다.

이렇게 5코스를 마무리하며 4코스와 6코스를 잇고, 제주 동쪽과 남쪽 모두를 연결하였다.

빛, 바람, 혼

제주원도심~조천의 제주 올레 18코스.

도심에서 출발하면 곧바로 제주항이 보이고, 이어 언덕을 오른다. 거상 김만덕의 얼이 살아 숨쉬는 건입동. 그리고 시내 위치한 두 오름, 사라봉과 별도봉이다. 큰 기대 없이 동네 어르신들이 운동하는 곳이라 여기고 올랐는데, 사실은 그렇지 않다. 제주 시내와 바다, 그리고 한라산까지 그야말로 아름다운 전망을 자랑한다.

사라봉 내려가는 길은 별도봉 허리를 타고 내려가는데, 많은 사람들이 저마다의 복장으로 저마다의 속도로 다가온다. 거의 100여 명은 스친 듯하다. 서울에 남산이 있다면, 제주시에는 사라봉이 있었다.

뜻밖의 비경에 벌써부터 취하기 시작한다. 사라봉에 취했다. 우리는 술에 취하고, 비경에 취하고, 뜻밖의 깨달음에 취하기도 하고, 사랑에도 취한다. 고수와의 만남에 취하기도 하고, 뭔가를 성취했을 때도 취한다.

파마머리 김정운 씨는 감탄하기 위해 산다고 했는데, 시대의 고수들은 감탄을 넘어, 취하기 위해 살다 갔다. 뭔가에 취하는 삶, 그것은 고수들만이 누릴 수 있는 최고의 선(禪)의 경지인 것이다.

바다를 보며 산을 내려가다 보면,

돌담들만 남아 있는 텅 빈 땅이 나타난다.

한 마을 전체가 불타 없어진 곤을동 마을 터다. 4.3 당시 한 마을 전체가 불타 없어진 곤을동 마을 터! 흔적만 남은 집터들을 보며, 그 안에 살았던 사람들, 하루아침에 가족과 이웃 대부분이 죽고 집마저 불타 뿔뿔이 흩어져야 했던 사람들, 제주의 아픈 역사가 고스란히 다가온다.

잠시 무거워진 발걸음은 포구와 해변으로 이어지며 길에 대해 생각하게 한다. 올레 길은, 성지순례의 길도 만나고, 지질트레일 길도 만나며, 유배자의 길도 만나니 그 공통점 또한 정신의 근육을 키우는 수련의 길인 셈인데……

아,
햇빛이 강렬하다.
빛.
빛이다.
그러나 그 강렬한 빛은
내 안으로 와랑와랑 들어와 내 심장을 붉은 하트로 만들어주고
나는 그 뜨거운 빛의 사랑에 감사하며 걷는다.

시원한 용천수로 발을 씻어내고
(너무 차가워 10초 이상 견디기 힘들다.)
다시 방향을 튼다.
옛 원당사의 오층석탑,

제주의 유일한 불탑, 대한민국, 세계 유일의 현무암 석탑이다. 기황후(하지원 역)가 불공을 드리기 위해 지었다는 설도 있단다. 산에 위치한 절을 뒤로하고 나서면 숨이 탁 트이는 풍광이 나타난다. 저 평야에 저 바다에 저 마을이 모두 뚫려 있고, 나를 맞이하는 것은 바람이다.

바람.
바람이 빛을 가르고 내게 달려드니, 더위는 없고 바람만 남았다. 빛과 바람만 남았다. 온 몸을 바람에 맡기니, 나야말로 바람에 취한 나그네다. 이렇게 숨이 멎을 만큼 장대한 풍광 안에 내가 있다.
이 풍광을 만나기 위하여, 이 장대한 자연의 그림 속에 나를 한 점 찍어 넣기 위하여, 도시로부터 출발하여 이 길을 걸어오게 했단 말인가?
신촌으로 제사 먹으러 가던 옛길 따라 나서면 다시 바다, 그리고 시비코지에서 닭모루로 이어지는 바당 길은 숨이 탁 트이는 풍경 속 한 그림의 연속이다.

▲마을 어느 중간쯤에, 사람은 살지 않는 폐가인 듯

그 풍광 속에 나를 충분히 놓아둔 후에야, 아름다운 신촌의 포구와 대섬을 향해, 마을길을 걷는다. 마을길은 걷다보면 현실과 고통이 녹아 있다.

현실은 고통인 것이다. 삶은 현실인 것이다. 그러기에 민초들은 할망신, 바다신, 바람의 신 등 신들의 세상과 함께 했을 것이다. 설문대할망을 비롯하며 마을마을 곳곳마다 호랑이신 용신 등등 믿을 만한 것은 모두 믿고자 했을 것이다. 사람은 원래 어떤 형태로든 종교적이므로 무엇인가를 믿는다는 것은…….

혼.
제주의 혼을 생각한다.
제주의 신을 생각한다.
설문대할망, 바다, 바람, 호랑이, 용…….

▲신촌리 바다에서 바라본 마을, 오름, 한라산

　오랜 세월 내려오는 제주 혼을 생각하며 걷는다.

　용천수가 넘치는 마을을 지나고, 분위기 있는 작은 카페에서 점심을 먹고 나오니, 연북정이다. 연북정은 유배(流配) 온 선비가 북쪽의 임금을 향해 보내는 충성과 애증의 공간이다.

　마지막 가슴 벅차고 뭉클한 여정을 마무리하며 가슴을 열고 팔을 벌려, 바람을 온 몸으로 맞이하니, 빛이 심장으로 들어오고, 혼이 내 뇌를 스쳐 지난다.
　설문대할망!
　나도 제주인 될 수 있게 비나이다, 비나이다~~!

　이렇게 18코스를 걸으며 17코스와 19코스를 연결하여 북쪽을 이음으로써 드디어 섬(추자도, 우도)을 제외한 동서남북 전체를 연결했다.

빛과 바람과 혼이 넘나드는 제주.
바람이 빛을 가르는 곳.
신의 혼과 사람의 혼이 교차하는 곳.
우리도 제주에 있으면 신이 된다.
한 점의 별이 된다.

우리는 각자 하나의 별이며, 하나의 신적인 존재다.

바람

올레 1-1코스 우도를 걷다.

　누구나 한 번쯤은 와 봤을 것 같은 우도(U-DO), 우도 한 바퀴 걷기가 1-1코스다. 우도는 소가 머리를 들고 있는 모양을 닮은 섬이라 하여 붙은 이름이다. 섬사람들은 쉐섬(소섬)이라 부른다.
　남쪽에 볼록하게 솟아 있는 쇠머리 오름이 소의 머리 부분이고, 북쪽이 꼬리, 그 사이의 대지가 소의 등 부분이다. 그렇다면 우도 올레는 소걸음으로 천천히 걸어야 제 맛일 것 같다.

　성산 항에서 15분 만에 우도 천진 항에 도착했다. 곧바로 시계 방향으로 걷는다. 여기서 성산일출봉을 조망하고 한라산을 찾는데, 오늘은 날씨가 맑았음에도 한라산은 구름으로 좀처럼 허락하지 않는구나.
　이어지는 곳은 홍조단괴 해변이다. 산호가 아닌 홍조류가 굳은 후 만들어져서 천연기념물로 지정되어 있고, 우도 8경 중 하나로 '서빈백사'로 불린다.

　하우목동 항을 지나고 해안 길과 들판 길을 번갈아가며 길이 이어진다. 이곳에서는 마늘과 땅콩이 특산품이다. 특히 바닷바람을 견디며 자란 우도 땅콩은 내륙의 땅콩보다 알이 작고 동글동글하지만 고소하고

▲홍조단괴 해변에서 바라보는 성산일출봉

담백한 맛은 최고로 꼽힌다.

다시 해안 길에서 들판 길을 건너고, 하고수동 해수욕장이다. 이곳에서 비양도 추억을 떠올리고, 계속 걷다보면 아래로 우도 8경 중 하나인 동안경굴이 얼핏 보일 듯 말 듯하다. 동굴 내부는 2천명이 들어갈 수 있을 만큼 넓다고 하는데 못 보는 것이 아쉽다.

소처럼 우직하게 걷는다.
말처럼 무심하게 걷는다.
때로는 휘파람새처럼 신나게 걷기도 하고
때로는 노루처럼 귀 쫑긋하고 걷기도 하고
때로는 쓰르라미가 끊임없이 소리 지르듯
혼자 말을 중얼거리며 걷기도 한다.
'쟤는 도대체 무슨 말을 저렇게 계속 지껄이는 거야' 하는 식이다.

그러나 기본은 소걸음처럼 느릿느릿 걷는다.

바람이 분다.
바람이 불어온다.
바람이 세게 다가온다.

바람.
바람은 이른 봄을 일깨워주고 생명을 불어넣어 주기도 하지만 마음이 뒤틀리면 시도 때도 없이 힘자랑을 한다. 세상을 난장판으로 만들고 유유히 사라진다.
그러기에 조상들은 바람을 신으로 대하고 예를 갖춰 왔다.
바람을 피해 집터를 구하고, 처마는 담보다 낮게 하며, 그것도 모자라 동아줄로 그물을 짜듯 지붕을 옭아 멘다.
바람의 마을에서 사는 사람들은 바람의 뜻을 헤아리지 않고는 고기 한 마리, 곡식 한 톨 얻을 수 없다. 그러기에 바람을 신으로 섬긴다. 잘못 했다간 집도 돌담도 모두 지푸라기처럼 흩날리기 일쑤다.
사람의 마음에도 바람이 분다. 마음에 부는 바람 역시 시도 때도 없이 왔다가 사라진다. 평화롭고 자애로운 바람이 불기도 하지만 화가 불같이 치오르고, 복수심에 불타기도 하며, 모멸감을 견딜 수 없어 하다가 우울해 지기도 하고, 열등감과 나약함이 늘 곁에서 떠나지 않는다. 가끔은 그립고 외롭고 그래서 환상까지 나타나기도 하다.
자연의 바람은 태풍이라는 이름으로 다가오듯이 마음의 바람도 폭풍이라는 이름으로 다가와 온 몸을 휘어잡는다.

▲우도 계단을 오르다 문득 되돌아본 해안선

아~~ 어쩌란 말이냐?
그러기에
바람을 신으로 모셔야 한다.

때를 정해 제를 지내듯이, 때를 정해 치유를 해야 한다.
 그 방법은 명상이나 걷기나 달리기나 그것이 무엇이든 간에 제를 지내는 것이 당연한 삶의 방식이었듯이 치유의 과정을 갖는 것은 당연한 삶의 방식이어야 한다.

바람을 신으로 모시자.
 잘못 했다간 자신을 괴롭히고 가정을 파괴하고 결국 파국 사회로 치달을 것이다. 요즘 사람들은 이 마음의 바람을 감정이라고 이야기한다. 그런데 이 감정이라는 것에 대하여 우리는 배워본 적이 없다. 이성

▲아름다운 풍경을 담으며 내려오니

이 최고라고 배웠고, 이성이 모든 것을 좌우한다고 배웠다.

그러나 꼭 그렇던가?

감정이 모든 것을 송두리째 흐트러트리기 일쑤다.

지금부터라도 바람을 신으로 모실 일이다.

바람의 위용 앞에서 늘 조심스럽게 겸손하게 살면서 예를 갖춰 제를 지낼 일이다. 비나이다, 비나이다 바람 신이여! 하루하루 일일일선하며 살 수 있도록 허락하여 주소서!

드디어 정상 입구 쇠머리 오름 정상으로 가는 나무계단 길. 이곳에서 땅콩 아이스크림 먹으면서 땀을 식히고, 대전 처녀가 이곳에서 땅콩 아이스크림을 파는 사연을 듣는다.

우도가 고향인 신랑을 만나 머물게 되었다는 스토리. 그때 우도는 제주도의 어느 동네쯤 되는 줄 알았단다. 지금은 제주 언어가 어울릴 정도로 자연스런 우도 사람이 되었다.

계단을 오르다 문득 뒤돌아 본 해안선은 그야말로 장관이다
능선을 걸으며 쇠머리 오름과 성산일출봉을 보는 맛도 끝내준다. 같은 산도 다른 방향에서 보면 그 느낌이 다르게 보이듯이, 보는 선이 너무 아름다워 '아오~아우~야~캬~!'를 계속 지르게 된다.

아름다운 풍경을 담으며 내려오니
설문대할망과 하루방이 마지막 여정을 안내한다.

되돌아오는 길.
바람의 남자.
바람의 잡으려고 20여 년을 제주에서 보낸 작가.
김영갑 갤러리 다모악에 다시 들렀다.
그의 헌신과 죽음으로
제주의 중산간지역이 재조명되었고,
제주의 바람이 살아났다.

나에게 제주는, 올레 길을 통해 삶을 다시 들여다보고, 더 좋은 세상, 더 나은 사람이 되기 위한 새로운 도전을 준비하라고 명령한다.

아리랑

올레 18-1코스의 추자도를 걷다.

한 번쯤은 꼭 가고 싶은 섬.
서로 다른 섬들의 신비로운 절경,
섬 바다 사람이 동화되어 살아가는 아름다운 섬,
추자도 코스가 18-1코스다.
그리고 나의 올레 길 마지막 코스이기도 하다.

전라도와 제주도 사이에 4개의 유인도와 38개의 무인도로 이루어진 군도로, 낚시꾼 사이에 최고의 낚시 포인트로 각광받고 있다는 그곳. 올레 길 기준으로는 난이도 최상의 1박 2일 코스다.
아침 9시 30분 제주항을 출항하여, 다음날 오후 4시 30분에 추자 항을 출항하는 배편을 이용했다.
제주항에서 쾌속정으로 1시간 10분 남짓 걸려 상추자도에 도착했다. 잠시 숙박 예정인 태성민박에 보따리 일부를 내려놓고, 식당에서 조기 정식을 먹고 코스에 나선다. 아담한 추자초등학교 뒤편에 최영 장군 사당이 놓여 있다. 이곳에 사당이 놓이게 된 사연을 읽어보고 봉글래산 정상으로 향한다. 내려오면서 위에서 내려다보는 마을이 참 예쁘다
이어 마을로 내려오고 처사각에서 다시 숲길, 그리고 바랑케길 쉼터

를 지나고 숲길을 한참 걸으면 추자교로 내려와 산을 완전히 벗어난다. 고개를 얼추 3개 정도 넘으니, 땀이 온 몸으로 흐르는데, 이제 상추자도에서 하추자도로 이어지는 추자교다.

   3분의 1 정도 왔을까? 곧바로 묵리 고갯길이다.

   이어 묵리 교차로, 이곳에서 반(反)시계 방향으로 이어져 나중에 돈대산으로 다시 돌아오는 같은 지점이다. 묵리 방향으로 발걸음을 옮긴다. 묵리 슈퍼에서 중간 스탬프 찍고 신양리로 걷는다. 그렇게 한참을 가고 모진이 몽돌 해안 지나 언덕을 오르면 황경헌의 묘가 있다.

   이곳에서 잠시 또 쉬며 수려한 추자도 섬들을 조망하고, 생이별한 모자의 이야기를 읽어본다. 내용인즉슨 1801년 신유박해 때 순교한 황사영과 관노로 유배된 정난주 부부의 아들이 황경헌이다. 관노로 가게 된 정난주는 평생 죄인으로 살아갈 아들을 걱정해 이름과 내력을 적어 예초리 바닷가에 내려놓았는데, 어부 오씨가 아이를 발견하고 성씨를 그대로 유지하게끔 하여 키웠고, 하추자도에서 황씨 일가를 이뤄냈고, 여기에 묻혔다는 이야기다.

   이어 내려가는 듯하더니, 다시 오르막 신대방 전망대!

   보길도 흑검도 횡간도 추포도 등등 섬이 겹겹이 펼쳐 보인다. 캬~! 날씨는 무지 덥지만 기분은 조쿠나~! 이제 예초리 방향이다. 언덕을 도대체 몇 개를 넘었는지, 얼추 6~7개는 넘은 듯싶은데 정확히는 잘 모르겠다. 올라가고 내려오고, 이 추자도 코스는 제주 섬의 올레 길과는 사뭇 다르다. 오히려 육지의 등산로라는 표현이 더 적합한 듯하다. 돌도 현무암이 없다. 이곳은 전라도가 맞는 듯싶기도 하다만 어쨌든…….

   아리랑.

▲ 추자도

아리랑이다.

아리랑 고개다.

십리도 못 가서 발병난다는 아리랑 고개.

제주 올레길 마지막이라고 쉽게 허락하지 않는구나.

그러나 우리에겐 혼이라는 게 있다.

중간에 포기란 없다.

오케스트라도 마지막은 아리랑으로 하고

기타리스트도 아리랑을 편곡해서 마지막을 장식하듯이

나의 올레 길도 아리랑으로 마지막을 맺는다.

아리랑.

혼이 살아 있는 아리랑.

아리랑.

추자아리랑 아리랑~~아리랑~~.

아리랑 고개 넘는 심정으로 무심하게 걷기만 한다.

중간에 젊은 친구 한 명 만나 같이 걸었는데, 발이 땀으로 가득 찼고, 양말을 짜는데 물이 뚝뚝 떨어진다. 날씨는 후덥지근함의 절정이요 바람 하나 없으니 걷는 날씨 치고는 최악인 날이다. 다행히 선배의 길 안내로 큰 힘 들이지 않고 한 발 한 발 내딛는다. 나중에 들었는데 이 친구는 우리가 없었다면 중간에 포기했을 거라 하며, 매우 힘들어 했다.

다음 목적지는 엄바위 장승 지나 돈대산!

돈을 많이 벌게 해 달라는 뜻인지, 돼지가 크다는 뜻인지는 잘 모르겠으나 얼추 어떤 이유가 있겠지 하고 맘 잡고 걸으니 곧 바로 돈대산 정상이다.

오와~~! 몇 번의 탄성이 있었지만 이곳 돈대산이 있어 추자도에 오는구나 하는 느낌이 확 온다. 날씨는 비록 흐렸으나 앞의 바다와 섬들의 조화가 장난이 아니다. 특히 섬생이 섬이 나에겐 가까우면서도 특히 이쁘게 보였다.

감탄을 뒤로하고 걸으니, 아까 묵리 교차로가 다시 나오고, 정수장, 수원지 쉼터로 나오면 돈대산을 벗어나게 된다. 이어 추자교를 건너 주욱 걸어오면 출발지인 추자 항이 보인다.

이렇게 해서 제주 올레길 26코스 모두를 연결시켰다.

다음날.

나바론 절벽 풍광.

이 풍광을 못 보고 그냥 올레 길만 걷고 나왔더라면 천추의 한이 될 뻔했다. 이 절경은 용등봉에서 바라봐야 제 격이다.

▲나바론 절벽

나바론 절경.
이어 나바론 하늘 길을 선배와 함께 한다.
하늘 길에서 맞이하는 바람은
26코스를 연결했다는 신의 선물이자,
선후배의 우정의 표식이자,
더 나은 세상을 만들어 가라는
다 나은 사람이 되라는
바람의 지시 같았다.

  새로 공무원에 합격한 친구에게는 매일 30분씩 5년만 일찍 출근해 보라는 원 포인트 코치를 하고, 숯불을 굽고 사업을 준비하는 친구에게는 무슨 일이든 귀천이 없으니 미치듯이 해 보라는 코치를 한다. 하나에 미치도록 힘을 쏟아야 함을 역설한다.

  배를 기다리면서 추자도 등대정에 올라 맞이하는 바람은 어제의 수고로움을 깔끔하게 씻어주고, 새로운 출발을 힘차게 하라는 혼이 깃든 바람의 명령 같은 것이었다.

제주 올레를 완주하고

2017년 8월 11일.
제주 올레 완주증서를 받아들었다.
기쁘다.

'당신은 제주의 아름다운 바다와 오름, 돌담, 곶자왈, 사시사철 푸른 들과 정겨운 마을들을 지나 평화와 치유를 꿈꾸는 모든 코스 약 425km를 두 발로 걸어서 완주한 아름답고 자랑스러운 제주 올레 도보 여행자입니다.'

제주 생각하기로 정하고 제주를 왔지만, 사실은 생각하기 싫어서 제주에 왔었다. 몇 십 년 동안 못 해본 노는 사치를 누리고 싶었다.
늦게 일어나고 맛있는 거 먹고 빈둥빈둥 뒹굴다가 심심하면 책도 보고 잠이 오면 낮잠도 자고 이유도 목적도 없이 그냥 세상과 떨어져 있고 싶었다. 그러나 올레를 걷고 자연과 사람 앞에 나는 다시 일어설 수밖에 없었다.

제주의 아름다운 자연은 지금의 눈으로 볼 때 아름다움이지 몇 년 전의 시각으로만 봐도 살 곳이 못 되는 척박한 땅이다.
폐가와 높은 돌담들을 볼 때마다 모진 고통이 떠올랐고, 4.3 흔적들은 걸을 때마다 마음이 영 편치 못했다.

　거기에 왜적과 몽고의 침입 등 바람 잘 날 없었다. 돌들이 그렇게 많은데 어떻게 밭을 일구었는지? 일군 밭과 작물, 그리고 집들은 태풍 하나로 모든 것이 쑥대밭이 되었을 터였다. 그러하기에 바람의 신을 모시고 제를 지내며 하늘에 순종하는 겸손을 배워나갔을 것이다.

　바람이 봄을 일깨우고 생명을 불어 넣어주는 존재지만 그것이 태풍으로 바뀔 때는 상황이 다르다.

　태풍을 정기적으로 받아들이면서 돌들과 싸우는 삶, 육지에서 온 나로서는 차마 관광이란 단어를 사용할 수가 없었다.

　이런 척박한 환경에서 김영갑 작가가 바람을 주제로 중산간을 배경 삼아 사진에 혼을 담은 것은 얼마나 다행인지 모른다.

　루게릭병을 얻어 본인에게는 몹쓸 병이 되었지만, 제주를 다시 보게 하고 중산간 지역을 다시 태어나게 하는 계기가 된 듯하다.

　이중섭 그는 은지(銀紙)에 그림을 그려야 하는 운명 같은 삶을 서귀포에서 세 들어 살았다. 서귀포가 지금도 많은 예술인들이 거주하고 찾고 작품 활동을 하게 된 것은 우연이 아닐 것이다. 나는 쉽게 혼이라는 이름으로 예술이라는 이름으로 이야기를 했지만, 당사자의 삶과 당시의 생활은 상상하기 어려웠을 것이다.

　그러나 그 모든 것을 버티어 내고, 지금의 제주가 바람도 돌도 해녀도 모두 복원되고 재평가되고 멋진 문화를 이루는 주축으로 다시 살아났다. 그 모든 것을 올레 길이 다 말해 줄 수는 없지만 상당 부분 올레의 공이 크다고 할 것이다. 적어도 나에게는 그렇다. 나는 올레를 통해 제주를 이해하고 배워 나갔기 때문이다.

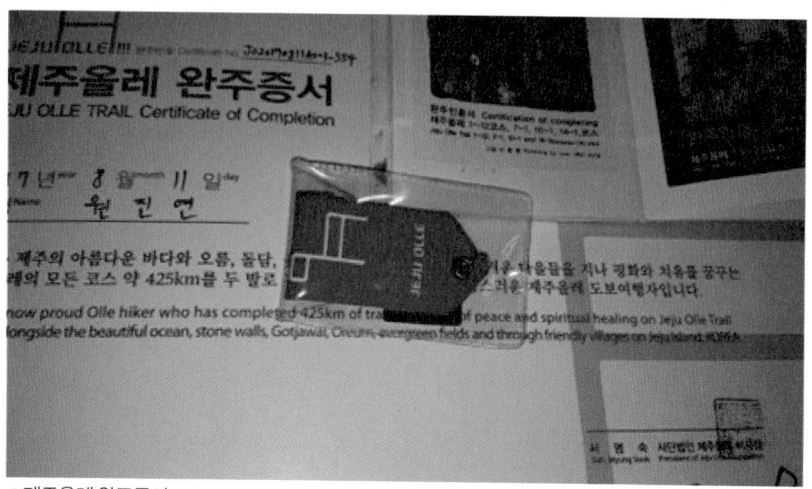
▲제주올레 완주증서

　올레는 이사장 서명숙 씨의 말대로 '종합병원' 같은 곳이다. 마음의 근육을 키우고 육체를 치유하는 루트다. 반드시 거쳐야 하는 종합병원이었으면 좋겠다. 마을을 걷다가 오름을 오르고 다시 내려와 바다를 보고 또다시 곶자왈 우거진 곳으로 들어왔다가 다시 바다로 돌아오는 이 425km의 작은 길은 세계 어디에서도 존재하기 어려운 아름다운 길이다.

　이렇게 다양한 길, 그 속에서 다양한 사람 다양한 생각들을 공유할 수 있어서 좋았다. 우리가 살아가는 목적은 다양한 사람들이 이웃하며 배려하며 더 좋은 세상을 만들어 가는 것일 아니겠는가.

　그런데 높은 아파트와 빌딩 숲에서 이웃의 마음을 배려하라고 가르치는 것은 애당초 불가능한 것인지도 모른다. 거기서는 글로벌 경쟁력을 높이라고 이야기하는 것이 당연해 보인다. 그런 점에서 대도시는 대도시대로 소도시는 소도시대로 섬은 섬대로 자기의 고유문화를 만들어 나가야 할 것 같다. 사람은 한편으로 도전하고 다른 한편으론 치유하며, 균형을 이뤄가야 하듯이, 도시도 세상도 그렇게 균형을 찾아가야 할 것 같다.

사람이 살아가는 목적이 무엇인가?

파마머리 김정운 씨는 재미와 행복이 이 세상의 시대정신이라 정의하고, 감탄하는 것이야 말로 멋진 삶이라고 이야기했다. 나는 책을 낄낄대며 읽으며……동의하며……오름이든 숲이든 바당이든 새로운 것이 나타날 때마다 감탄을 했다.

제주에 있는 동안, 놀멍 쉬멍 걸으멍 감탄하는 것이 최고의 삶의 방식이었다. 그러다가 김영갑 작가를 만나며 생각이 좀 더 확장되었다. 감탄하는 삶보다 취하는 삶이 한 수 위라는 생각이 들었다. 술에 취하든 일에 취하든 사명에 취하든 사람에 취하든 예술에 취하든, 그것은 지속적으로 이루어진다는 측면에서 감탄하며 사는 것과는 그 궤를 달리하는 것이었다. 결국 감탄을 지속적으로 하게 되면 취하게 되는 이치다.

그리고 또 하나, 돈이다.

돈과 '삶의 목적'과의 관계 설정이다.

돈과 삶은 매우 밀접하기 때문에 돈만 추구하는 것도 아니요, 돈을 배척하기도 아닌 것이기에, 돈의 철학을 반드시 장착해야 할 필요가 있다고 믿는다. 매일 감탄만 하며 취하고 있으면 모든 것이 저절로 풀리는 것은 아니기 때문이다.

그동안 취직을 하고 지금까지 약 25년간 돈 버는 것만 궁리하고 살아왔다고 해도 과언이 아닌데, 지금도 돈을 벌어야겠다는 생각이 자꾸 자꾸 고개를 든다. 그런데 그 돈을 왜 벌어야 하는지, 어떻게 써야 하는지……나 스스로 명확하지 않다.

흔히들 돈은 일정 수준까지는 행복을 가져다주는 필수조건이지만 어느 정도 지나면 수확체감의 법칙이 작용하여 계속 행복해지는 것은 아니라고 이야기한다.

그러나 '잘사는 삶'의 지수는 돈의 양과 비례해서 늘어난다고 존 암스트롱은 『인생학교-돈』에서 갈파했다. 돈과 좋은 관계를 유지할 수 있다는 이야기다. 돈에 관한 한 현실적이고 실용적이면서도, 인생의 본질적 가치를 소홀히 하지 않는 균형을 갖춘다면, 돈과 아주 좋은 관계를 맺을 수 있을 것이다.

핵심은 '잘사는 삶'을 어떻게 정의하느냐다.

쇼펜하우어도 첫째 돈이 없는 사람은 자유인이 아니라고 말한다. 어느 정도 재산을 갖춰야 자기 시간과 능력에 대한 주권을 가진 자유인이 될 수 있다고 주창한다.

둘째, 행복해지기 위해서는 욕망을 낮춰야 한다고 했다. 소유로 인해 불행을 느낀다면, 이때는 방법이 없다. 욕망지수를 낮춰야 한다. 번 것보다 덜 써야 한다. 가장 뛰어난 재정 전략이란 그 사람의 수입 범위 내에서 만족하며 사는 것이다.

어느 정도까지는 돈을 모으자.

그러나 그 방향은 '잘사는 삶'이어야 한다.

『사람, 삶을 안다는 것』에서 박명우는, 사람은 스스로에게 두 가지 질문을 던져야 한다고 말한다.

첫째, '나는 어떤 사람이 될 것인가?'라는 존재론적 질문을 해야 한다. 나는 어떤 정량을 지닌 사람이 될 것인가 하는 것보다는, 나는 존재론적으로 어떤 경험을 원하는가 하는 추상적 질문들이, 더 오래토록 의미가 있을 것이다. 무엇이 될까 하는 형태의 꿈은 결국 허약한 실망과 낭패로 돌아온다. 그래서 꿈은 크기보다는 무게가 더 중요하다고 했다.

둘째, '나는 왜 사는가?'라는 가치론적 질문을 해야 한다. 제대로 된 꿈을 가진 자가 꿈을 이룰 수 있으며, 다른 사람들이 꿈을 가질 수 있게 할 수 있는 사람이 된다. 지금은 자기과잉과 자기중심적 세태가 피 터지는 경쟁으로 이어지고, 내면으로부터 파괴되는 본성, 상대방의 고통에 대한 무감각이 덤으로 따라와 버렸다고 진단한다.

나는 제주에서 올레를 걷고, 오름을 오르고, 한라산을 오르고, 사람들을 만나고, 육지에서 놀러온 사람들을 때론 안내하면서, 사람과 자연과 제주의 혼에 감탄하지 않을 수 없었다.

그러면서도 틈틈이 사람과 돈 그리고 살아가는 목적 등에 대해 고민해 왔다. 이를테면 '잘사는 삶'에 대한 성찰과 고민의 시간이었다.

"삶은 평생이 배움의 과정이다."라고 정의하고, '잘사는 삶'에 대해 성찰하고, 겸허한 자세로 상대를 인정하는 사람 존중의 배려를 배우고 익힌다면, 세상과 돈을 조화롭게 바라볼 수 있는 최고의 미덕을 갖추게 될 것이다.

그렇다면 잘사는 삶이란 어떤 삶인가?

'잘사는 삶'은 어떤 형태로든 가치와 보람과 기여가 뒤따라야 한다는 점이다. 읽고 걷고 달려서 정신과 육체의 근육을 키우고, 그것을 주

▲한라산에서 내려다본 정경

변에 가치 있게 연결시켜 어제보다 나은 오늘을 만들어가는 것이다.

우리는 더 나은 세상이 되길 원하고,
나는 더 나은 내가 되길 원한다.
제주 올레가 그 길을 안내할 것이다.

<에필로그>

걷기 시작한다는 것은…

네 발로 기어 다니다가 두 다리로 일어나 걷기 시작한다는 것은 신비스럽고 경이롭기까지 하다. 걷는 것은 어느덧 조금씩 더 익숙해지고, 일상이 되기도 하지만, 자전거를 타기도 하고, 산을 오르기도 하고, 초원을 달리기도 한다.

그렇게 젊음이란 이름이 두 발, 두 다리를 만났을 때 그 젊음은 환희와 낭만으로 가득 찬다. 게다가 적절한 술과 약간의 니코틴을 가미하고 춤과 노래로 디자인하면, 그야말로 천상이 따로 없다. 그 사이사이 가족의 유대를 다지거나 친구와 우정을 쌓아가고 애인을 만나 사랑을 주고받으며 삶의 정점을 향해 치닫는다.

일반적으로 겪게 되는 이 흐름 속에 자신을 오롯이 맡기는 것은 너무나 자연스럽고 행복한 일임에 틀림없다. 그렇게 자연스럽고 행복한 일이 어느 순간 멈춘 것(멈출 것) 같은 느낌이 들 때?

당뇨가 찾아와 그렇게 좋아하는 술을 끊어버린 친구,
마눌님이 애를 데리고 집을 나가서 술만 찾는 친구,
눈은 침침하고 이빨은 먹는 대로 끼고 허리가 나가거나 오십견이 오거나 '관절아, 관절아' 노래를 부르거나……그렇게 자연스럽고 행복했던 일들은 어느덧 정반대로 다가온다.

인생의 비틀거림이 찾아오는 것이다.

술에 비틀거리든 돈에 비틀거리든 이성에 비틀거리든…비틀거림은 현대문명을 사는 우리의 공통점이기도 하지만, 뭔가 고장 났다는 증거이기에 우리는 비틀거림이 너무 슬프다.

슬프기에 다시 술이다. 특히 오늘 같은 비 오는 날이면 막걸리에 파전이 최고라고 찬양하며 친구에게 전화를 건다.

우리는 다시 원시적으로 돌아가야 한다

걷고 오르고 달리는 것이 가장 기본인 시대!

사람들은 이 단순한 행위를 무시하다가 결국 자신이 무시당하는 꼴로 추락한다. 관절이 안 좋아서…당뇨가 와서…고혈압 때문에…심근경색…나이 50이 넘으면, 어쩌면 당연한 것일 수도 있겠다. 그러나 걷는다는 것을 당연하게 여긴 자만(自慢) 때문은 아니었을까.

경이롭고 신비한 걷기는 나이 50에도 시작할 수 있다. 아니 나이 50이 넘으면 다시 걷기를 시작해야 한다. 환골탈태(換骨奪胎)해야 한다. 묵은 때를 버리고 다시 50을 준비해야 한다. 인간의 환골탈태는 걷기에서 시작한다. ---치악산 쎄오.

그제는 금대천 개울가를 찜통더위에 7km 정도 달렸다. 어제는 치악산의 곧은치를 너머 향로봉을 다녀왔다. 장맛비 내리는 오늘은 또랑가를 10km 정도 걸었다. 내일은 원주에서 횡성강림으로 치악산을 넘을 것이다.

걷고 달리고……이렇게 단순한 행위가 나를 하나하나 일깨울 것이다.
걷기 시작했다. 비로소 생각이 흐르기 시작했다. ---루소.

나이 40이 너머 달리기에 도전하는 친구
나의 50이 너머 걷기에 입문하는 친구
100대 명산을 넘고 너머 글로벌을 지향하는 친구
철인3종 경기를 밥 먹듯 해내는 친구
마라톤으로 세계 여행을 꿈꾸는 친구
친구들이 멋찌다. 나의 친구이기에 더욱 더…….

걷기에는 관심도 없었던 내가, 허리부상으로 모든 게 끝일 것 같았던 내가, 이제는 하루 10km를 일상 속에서 걷고, 1000m가 넘는 산을 가뿐히 오르내리고, 10km 달리기 대회를 가뿐히 즐길 줄 알고, 100km 걷기대회를 무사히 마치고…….
이 얼마나 신비롭고 경이로운 일인가?

책을 집필하고, 만들고, 읽는 사람들이 함께 모여 협동조합을 만들었습니다. 부지런히 한마음 한 뜻이 되기 위해 노력하면서 새로운 책 문화를 만들어 나갈 수 있도록 해보겠습니다. 한 번 조합원으로 가입하시면 가입 이후 modoobooks(모두북스)에서 출간하는 모든 책을 평생 동안 무료로 받아 볼 수 있습니다.

***조합가입비** (1구좌)500,000원
***조 합 계 좌** 농협 355-0048-9797-13 모두출판협동조합
***조합연락처** 전화02)2237-3316 팩스 02)2237-3389
　　　　　　이메일 ssbooks@chol.com

조합원

강석주 강성진 강제원 권유 김욱환 김원배 김정응 김철주 김헌식 김효태 도경재 박성득 박상명 박정래 박주현 박지홍 박진호 서용기 성낙준 송태효 심인보 오원선 옥치도 원진연 유영래 이재욱 이정윤 임민수 임병선 정병길 정은상 채성숙 채한일 최중태 허정균 현기대 홍성기 황우상